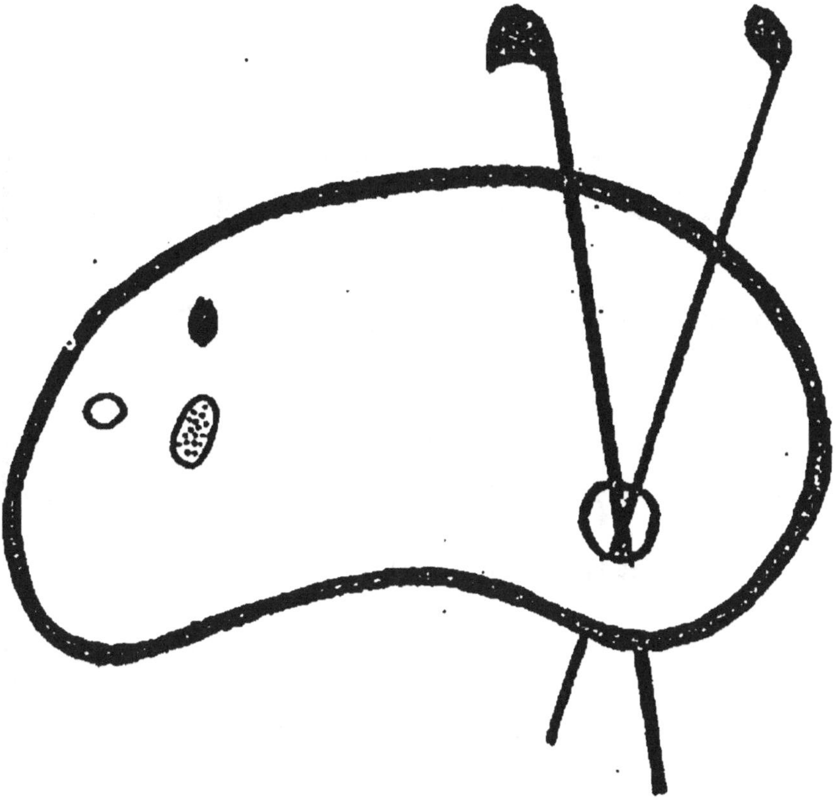

COUVERTURE SUPERIEURE ET INFERIEURE
EN COULEUR

BIBLIOTHÈQUE PÉDAGOGIQUE

PETIT
TRAITÉ DE MORALE

A L'USAGE DES ÉCOLES PRIMAIRES

PAR

G. F. AUDLEY

Directeur de l'*Éducation*, journal des Écoles primaires

PARIS
LIBRAIRIE POUSSIELGUE FRÈRES
RUE CASSETTE, 15
1884

BIBLIOTHÈQUE PÉDAGOGIQUE

INSTRUCTION CIVIQUE
Par M. AUDLEY, rédacteur en chef de *l'Éducation*.
8ᵉ édition, grand in-18, cartonné, 1 fr. 50

Petit traité de morale, à l'usage des écoles primaires, par M. AUDLEY. Grand in-18, cartonné.......... 1 fr. 50

Lettres et opuscules pédagogiques, par un inspecteur d'académie honoraire. Grand in-18, broché....... 2 fr. 25

Guide pratiques de l'instituteur ou NOTIONS ÉLÉMENTAIRES DE MÉTHODOLOGIE, par M. l'abbé HORNER, directeur de l'École normale de Fribourg. Grand in-18, broché........ 2 fr. 50

Organisation, plan d'études et programmes des écoles primaires publiques et des écoles maternelles (Arrêtés du ministre de l'instruction publique, en date du 27 juillet 1882). Gr. in-18. 40 c.

Rousseau (Jean-Jacques). — **Émile ou de l'Éducation**, livre II. Nouvelle édition, précédée d'une notice sur la vie et les écrits de J.-J. Rousseau et accompagnée de notes pédagogiques et littéraires, par un inspecteur d'académie honoraire. Grand in-18, cartonné............ 1 fr. 75

Principes d'éducation et d'enseignement à l'usage des aspirants instituteurs ; traduit de l'allemand sur la 2ᵉ édition par un ancien Directeur d'École normale, avec des lettres d'approbation de Mᵍʳ Mermillod et de NN. SS. les évêques de Sion et de Bâle. Grand in-18, broché............ 1 fr. 50

La question des Manuels civiques, par M. l'abbé Chabot, in-18 jésus............ 2 fr. »

L'Éducation morale et civique avant et pendant la Révolution (1700-1808), précédée d'une lettre d'introduction de Mᵍʳ Perraud, évêque d'Autun, par M. l'abbé Augustin Sicard, vicaire à Saint-Philippe du Roule, In-8º......... 7 fr. 50

L'ÉDUCATION
JOURNAL DES ÉCOLES PRIMAIRES
ONZIÈME ANNÉE
Paraissant chaque semaine: **6 fr.** par an.

Imprimeries réunies. A, rue Mignon, 2, Paris

8°R
5803

1818

PETIT

TRAITÉ DE MORALE

A L'USAGE DES ÉCOLES PRIMAIRES

BOURLOTON. — Imprimeries réunies, A, rue Mignon, 2, Paris.

BIBLIOTHÈQUE PÉDAGOGIQUE

PETIT
TRAITÉ DE MORALE
A L'USAGE DES ÉCOLES PRIMAIRES

PAR

C. F. AUDLEY

Directeur de l'*Éducation*, journal des Écoles primaires.

PARIS
LIBRAIRIE POUSSIELGUE FRÈRES
RUE CASSETTE, 15
—
1884
Droits de reproduction et de traduction réservés.

AVANT-PROPOS

Il y a déjà près de deux ans qu'au moment de lancer dans le public un modeste traité d'*Instruction civique*, nous disions, en terminant notre Avant-Propos : « Va donc, petit livre, et fais ton chemin ; mais, surtout, fais ton œuvre dans la voie qui t'est tracée. »

Le petit livre a fait son chemin, conformément à nos vœux, et, nous le croyons du moins, a fait son œuvre. Les éditions se sont succédé avec rapidité, tandis que de hautes approbations sont venues, en grand nombre, contre-balancer des critiques plus ou moins fondées.

Aujourd'hui que nous produisons devant ce

même public spécial un nouveau petit traité qui porte le nom de MORALE, nous avons cru devoir rappeler ce souvenir, à titre d'encouragement personnel. Le lecteur va voir que nous en avions besoin.

Au moment où nous écrivons ces lignes, la France est véritablement inondée d'un déluge de livres prétendant enseigner la Morale. Les uns sont empreints d'un caractère décidément mauvais : de ceux-ci, ce n'est pas le lieu de faire la critique. Les autres sont tellement insuffisants, tellement superficiels, qu'on se demande comment un pauvre instituteur, comment surtout un pauvre enfant peuvent recueillir quelque bon fruit d'une pareille lecture?

Heureusement, à côté de ces opuscules, ce même public pouvait choisir parmi des travaux d'élite, qui se trouvent dans un grand nombre de mains. Ce n'est pas nous assurément qui nous en plaindrons. Il est bon, il est utile qu'en ces matières délicates chacun puisse satisfaire la pente de son propre esprit, nous dirions volontiers de son caractère.

Cependant, à notre humble avis, il reste encore une place assez large pour une étude sérieuse, reposant à la fois sur la Philosophie et sur la Religion, étude dont les maîtres surtout seraient destinés à faire leur profit, et où ils trouveraient le caractère abstrait du sujet caché sous une forme attrayante pour les enfants. C'est une tâche que nous avons essayé de remplir : le lecteur jugera si nous avons réussi.

Que nous eussions échoué, il n'y aurait certes, à nos propres yeux, rien d'étonnant. Rarement, en effet, avons-nous rencontré un labeur plus difficile à mettre à la portée de l'enfance que ce *Petit traité de Morale*. Les auteurs du Programme officiel ont-ils eu conscience de ce qu'ils faisaient en rendant cet enseignement obligatoire dans nos écoles primaires, on se prend à en douter, lorsqu'on est forcé d'aborder de près cette partie de l'instruction publique.

La Morale ou Loi naturelle touche, en effet, d'un côté, aux questions les plus hautes dans lesquelles se meut l'âme humaine ; de l'autre, elle aborde les questions les plus pratiques de notre organisme matériel. Tenir la ligne droite entre les écueils qu'offrent sans cesse ces deux genres d'étude si différents, c'est une œuvre dans laquelle les plus grands génies ont parfois échoué. Que sera-ce donc pour un humble écrivain dont le bagage philosophique est cent fois plus léger que celui de ces mâles esprits ? Et pourtant il fallait absolument, dans les temps où nous vivons, aborder d'une façon au moins sommaire ces épineux problèmes, sous peine de faire une œuvre de nulle valeur. Car, en dépit des programmes, il est resté, et probablement il restera toujours aux instituteurs et aux institutrices de France beaucoup de doutes sur la méthode à suivre dans cet enseignement. On a beau nous recommander des entretiens, des récits; on a beau mettre de côté la métaphysique et l'abstrait, comme on dit; quand on les chasse par la fenêtre, ils rentrent par la porte. Au bout du compte, l'abstrait, ou la raison, ou le devoir, c'est le fondement même de la Morale. Aussi, plus le maître s'efforcera de fuir l'abstraction, plus elle s'imposera d'elle-même. Et, dès lors, n'est-ce pas un motif déterminant pour l'aborder de front, mais dans la mesure seulement où elle sera intelligible et claire pour l'esprit de l'instituteur comme pour la conscience de l'enfant?

Voilà ce que nous avons tenté de faire. Entreprise difficile, disions-nous, et c'est avec une profonde conviction que nous avons prononcé ces mots. Qu'on en juge.

La Morale naturelle et la Morale religieuse se côtoient presque toujours et se confondent fort souvent. Comment ne pas être exposé à confondre aussi les deux terrains sur lesquels elles marchent?

Et, pourtant, si l'on n'y prend garde, il peut en résulter pour les esprits de regrettables confusions. Afin de les éviter, autant que possible, après un premier travail achevé, nous l'avons soumis à un juge compétent, à un philosophe versé dans la matière, en le suppliant de lui faire subir un examen rigoureux. Il a bien voulu s'en charger, et nous l'en remercions du fond du cœur.

Une fois muni de ces critiques consciencieuses et de cette garantie, nous avons recommencé ce premier travail, sacrifiant des parties entières; raccourcissant ici, étendant là, modifiant presque tout et partout. Deux choses nous soutenaient dans ce pénible labeur : le respect de notre propre conscience; le respect de celle des enfants.

Et voilà pourquoi nous avons fait attendre si longtemps les nombreux maîtres et maîtresses qui nous disaient si souvent : « Vous nous aviez promis un *Traité de Morale*, pourquoi ne le faites-vous donc pas paraître? »

Le pourquoi, le voilà. Maintenant qu'ils le connaissent, ils ne nous en feront plus probablement un crime. Quant à nous, il nous reste à les remercier de leurs chaudes sympathies.

En finissant cet Avant-Propos, nous répéterons donc encore une fois : « Va, toi aussi, petit livre, fais ton chemin sous l'œil de Dieu, fais-le modestement et, pourtant, fais-le hardiment, fort de la noble doctrine que tu contiens, la doctrine de Moïse, la doctrine des sages de l'antiquité, la doctrine du Christianisme, résumant et perpétuant à travers tous les siècles la doctrine de Dieu. »

C. F. AUDLEY.

PETIT COURS DE MORALE

PREMIÈRE PARTIE

I

L'HOMME ET LA BÊTE

M. Bernard, l'instituteur modèle de Beaumont-sur-Ayre, que nous avons appris à connaître par ses leçons sur l'*Instruction civique*, était un jour dans la salle de classe, où se trouvaient rassemblés les élèves du cours supérieur. Contre son ordinaire, il avait l'air préoccupé; les enfants s'en étonnaient et l'observaient en silence, se demandant ce qu'avait le maître. M. Bernard, cependant, ne les tint pas longtemps en suspens et, prenant tout à coup son parti, il débuta en ces termes :

Mes amis, je me propose aujourd'hui de commencer avec vous quelques leçons familières sur la MORALE, matière difficile à traiter devant des enfants, puisqu'elle repose sur la conscience, et qu'elle relève des lois éternelles de Dieu. Vous concevrez dès lors aisément ma préoccupation. Je ne voudrais rien dire qui fût au-dessus de votre âge, rien omettre de nécessaire, et, par-dessus tout, rien oublier de ce qui est de nature à vous porter au bien. Prêtez-moi donc plus que jamais une attention absolue.

Avant de vous parler de la morale proprement dite, il me paraît indispensable de vous donner quelques notions élémentaires sur votre propre nature, sur votre corps, sur votre âme et sur les différences par lesquelles ils se distinguent.

Quand je vous ai entretenus, avant les vacances dernières, d'*Instruction civique*, j'ai commencé par vous parler de la famille, de l'école, de la commune, etc., etc. Pourquoi ai-je suivi cet ordre ? C'est que les enfants s'occupent avant tout de ce qui les environne ; des objets qu'ils voient, de ce qui frappe leurs sens, car c'est par les sens qu'ils vivent d'abord.

L'homme est donc comme les autres animaux, direz-vous ? Oui, si nous ne regardons que son corps et les besoins impérieux de ce corps ; non, si nous le comparons attentivement aux autres animaux de la création.

Plusieurs d'entre vous qui m'écoutez, retrouveront en rentrant à la maison leur chien de prédilection. Vous jouez avec lui, vous le caressez, vous lui faites bien quelques niches, vous lui tirez bien un peu la queue ; mais vous l'aimez et il vous aime ; vous cherchez à faire son éducation, vous lui parlez et même vous lui adressez des remontrances. Mais le bon chien, tout obéissant qu'il est, vous a-t-il jamais parlé ? A-t-il jamais répondu à vos exhortations ? Cette idée seule vous fait rire, mes amis ; moi, je n'en ris pas, c'est très sérieusement que je l'exprime. Ce que je vous dis du chien s'applique également à tous les animaux : aucun n'a le don de la parole, et c'est là ce qui les distingue essentiellement de l'homme.

Et qu'on ne vienne pas nous dire : Le perroquet parle, il imite les sons qu'on lui enseigne. Nous répondrons hardiment : non! Il ne parle pas, il ne comprend pas un traître mot de ce qu'il répète d'un bout de la journée à l'autre. Voilà une différence profonde, fondamentale : l'homme parle et se comprend, et il comprend les paroles de ses semblables; la bête ne parle pas, elle ne comprend pas distinctement ce qu'on lui dit. Toutes les merveilles qu'on nous raconte sur les animaux savants sont le résultat de l'instinct, dirigé par l'homme à son profit, et souvent au détriment de la bête, qui n'en fait pas un progrès de plus.

Autre exemple : Vous avez tous vu plus ou moins des ruches d'abeilles, et par conséquent vous savez comment sont construits les rayons de miel dont vous êtes si friands; vous connaissez les cellules que forment ces rayons, présentant entre eux un hexagone régulier. Or depuis le commencement du monde, jamais les abeilles n'ont varié dans la reproduction de leur habitation primitive. Chez l'homme, il en est tout autrement : sa demeure se modifie selon les temps, les lieux, les climats, les progrès de la civilisation et la destination qu'il lui donne. Une chaumière ne ressemble pas à une maison de ville; un château fort d'autrefois à une usine d'aujourd'hui…. Mais en voilà assez sur ce sujet pour vous montrer que si l'homme ressemble à certains égards par son corps à l'animal, il en diffère absolument par son intelligence et par le don de la parole.

Vous vous étonnez peut-être que l'homme, ressemblant si fort à l'animal par son organisation corporelle, par ses besoins, ses appétits, ses instincts, en diffère autant par ses facultés. C'est que sa nature est double : dans ce corps humain, il y a un habitant toujours présent, toujours vigilant, L'AME, créée à l'image de Dieu, et qui trouve dans le corps un instrument admirablement façonné par le Créateur.

N'allez pas croire cependant que l'âme soit prisonnière dans son enveloppe. Non, non, elle a, comme on l'a dit, *ses portes et ses fenêtres ouvertes* sur le monde extérieur. Et quelles sont donc ces portes et ces fenêtres? Ce sont les *sens* dont nous sommes pourvus : C'est la *vue*, qui nous permet d'apercevoir les objets les plus éloignés comme les plus microscopiques. Merveilleux instrument, auquel nous devons mille jouissances et le moyen d'éviter bien des dangers. Puis vient l'*ouïe*, par laquelle nous percevons les plus faibles murmures et les sons les plus éclatants; l'ouïe qui nous place en constante communication avec nos semblables. A son tour, l'*odorat* nous met en garde contre les émanations nuisibles à la santé, mais nous permet aussi de jouir des parfums répandus dans la nature. Le *goût* nous avertit de l'inconvénient de céder à notre gourmandise en mangeant avidement un fruit aigre, au lieu d'un fruit mûr. Enfin le *toucher*, sens répandu sur toute la surface de notre corps, nous cause les sensations les plus douces ou les plus douloureuses, selon les objets avec lesquels il nous met en contact.

Que de miracles permanents opérés en notre faveur par une Providence divine! Avez-vous encore remarqué l'étonnante agilité de vos membres? comme ils obéissent à vos ordres chaque fois que vous les mettez en mouvement! comme ils se plient et se replient, s'étendent et se détendent à volonté! que de souplesse, que de force, quelles aptitudes prodigieuses! Mais aussi que de privations, quand un de ces merveilleux instruments vient à nous manquer! L'ouïe absente, le sourd est comme retranché de la société, dans la famille aussi bien que hors d'elle. Vous le voyez triste, immobile sur son siège, n'osant parler de peur de se tromper; n'osant questionner de peur de prêter au ridicule : il est seul et malheureux.

L'aveugle n'est pas moins à plaindre : il dépend de tout le monde, il a besoin d'aide et de secours pour les moindres actes de sa vie. Un enfant, un chien, le conduisent, et il ne peut se passer d'eux. Oh! mes amis, lorsque vous rencontrerez un de ces infortunés, gardez-vous d'en rire, efforcez-vous bien plutôt de le soulager autant qu'il dépendra de vous; faites-le pour l'amour de votre semblable, faites-le pour l'amour de Dieu, qui nous commande de nous entr'aider et de nous aimer les uns les autres.

QUESTIONNAIRE. — Quelles sont les principales ressemblances entre l'homme et l'animal? — Quelle est la différence fondamentale entre le dernier et le premier? — Citez les exemples du chien, des abeilles et cherchez à en découvrir d'autres. — Quelle différence y a-t-il entre les hommes et les animaux? — Comment se manifeste-t-elle lorsqu'il s'agit pour eux de construire leurs habitations?

Que faut-il entendre par les portes et fenêtres de l'âme humaine? — Comment les appelle-t-on d'ordinaire et combien y en a-t-il?

Faire décrire successivement par les élèves les divers sens dont nous sommes doués? — Leur faire rendre compte des conséquences qui résultent pour l'homme de la perte d'un de nos sens? (La surdité, la cécité.)

N. B. — A propos des divers sens et des sensations qu'ils produisent, il sera facile à l'instituteur d'entrer dans plus de développements s'il le juge convenable ; mais en ces matières il faut être sur ses gardes pour ne pas faire inutilement parade de science et rester au niveau des jeunes intelligences auxquelles on s'adresse.

Ne pas négliger d'exiger une rédaction soignée sur le sujet qu'on vient de traiter.

II

FONCTIONS DE L'AME ET DU CORPS

Nous venons de voir, mes chers amis, quels précieux instruments Dieu a donnés à l'homme pour le servir dans ses divers besoins. Ces instruments ou ces outils, comme vous voudrez les appeler, sont déjà d'une finesse et d'une perfection merveilleuses : pourtant l'homme peut encore les perfectionner par une étude attentive et l'observation journalière de leurs aptitudes. Ce que je vous dis là vous paraîtra peut-être étonnant ; néanmoins c'est la vérité même. Je veux vous en donner deux exemples très frappants :

Dans les immenses forêts de l'Amérique du Nord, l'Indien sauvage vit presque uniquement par les sens. Supposons, vous et moi, que nous voyagions avec un de ces Peaux-Rouges (c'est le nom qu'on leur donne), portant sur la tête, en guise d'ornement, de grandes plumes retombant derrière la nuque, signe de la victoire remportée sur un ennemi dont il a coupé la tête. Sa figure, ses épaules, sa poitrine sont tatouées, c'est-à-dire marquées de dessins bizarres tracés dans la peau. Nous voilà bien en face d'un sauvage, d'un vrai sauvage.

La forêt où nous sommes est une forêt vierge, une forêt où l'homme n'a jamais mis la cognée. C'est un prodigieux fouillis d'arbres gigantesques, de plantes grimpantes ou rampantes : sur un immense espace, pas de chemin tracé, pas même de sentier. Devant nous, derrière nous, autour de nous, un inextricable enchevêtrement de taillis, d'arbustes, de végétaux, aux formes et aux couleurs les plus variées. Comment se reconnaître dans ce labyrinthe ? Nous autres, Européens, habitués à toutes les ressources de notre civilisation, nous courrions grand risque de mourir de faim et de soif dans ce dédale, si notre Indien ne venait à notre secours. Il sera notre guide, notre protecteur ; voici comment.

Dès son bas âge, ses parents l'ont habitué à cultiver avec soin ses divers sens, mais surtout l'ouïe et la vue. Un oiseau qui fend les airs, un son qui lui parvient de loin, la mousse qui couvre le tronc des arbres, l'herbe foulée par le pas léger d'un autre homme ou par le sabot du buffle sauvage, tout devient pour notre Indien une indication, un signe, un point de repère précieux.

Après avoir marché depuis l'aube du jour, nous nous arrêtons vers midi pour nous reposer et prendre un repas frugal que nous avons apporté avec nous. Mais nous manquons d'eau pour nous rafraîchir et nulle part on n'en aperçoit la trace. A notre grande surprise, nous voyons notre *Peau-Rouge* se coucher à terre, l'oreille collée sur le sol : il semble absorbé en lui-même, puis au bout de quelques instants, il se relève d'un bond, étend les bras dans la direction de l'orient et, par un geste subit, fait mine de boire dans sa main. Notre sauvage a entendu au loin le bruit d'un ruisseau ou d'une rivière. Jugez de notre joie, nous suivons aveuglément ses pas et, au bout d'une heure de marche, nous nous trouvons en face d'une belle cascade tombant sur un lit de rochers. Vous voyez par là combien l'Indien avait cultivé et perfectionné chez lui le sens de l'ouïe.

Ce n'est pas tout : à côté de l'*ouïe* nous avons la *vue*. Chemin faisant, notre guide s'arrêtait de ci de là pour regarder attentivement un brin d'herbe froissé, une branche cassée, ou encore la mousse des arbres : que faisait-il donc ? Quelle indication cet examen lui procurait-il ? Notre homme finit par lire notre embarras dans nos yeux, et comme un missionnaire lui avait appris quelques mots de notre langue, il réussit à nous faire comprendre par ses paroles, mais surtout par ses gestes expressifs, que d'autres Indiens avaient récemment passé par là et que nous allions les retrouver. Ces légers indices lui avaient suffi pour lui révéler ce dont nous ne nous serions jamais doutés, et bientôt nous nous trouvons en effet devant un groupe d'Indiens en train de se reposer à quelque distance de la cascade.

Quelle conséquence devons-nous tirer de cette longue histoire, qui n'est pas inventée à plaisir, croyez-le bien, mais qui se reproduit dans presque tous les récits des explorateurs du Nouveau-Monde ? C'est qu'il dépend de nous d'augmenter la puissance de ces admirables instruments que nous appelons les sens et de les affiner dans des proportions prodigieuses. Quant à vous, mes amis, qui n'avez point à courir les forêts vierges en compagnie d'un Peau-Rouge, ce que vous pouvez et devez faire, c'est de vous servir de vos sens avec un soin tout particulier, afin d'en tirer le meilleur parti possible sous le rapport de la finesse et de la précision.

Mais, me direz-vous peut-être, comment perfectionnerons-nous nos sens? Est-ce par le corps seulement, ou est-ce exclusivement par l'âme? Évidemment celle-ci est l'hôte de la maison; l'âme commande au corps et dirige son action, tandis que le corps, en serviteur soumis, bien dressé, suit l'impulsion qu'il reçoit et augmente ainsi l'énergie, l'activité de la maîtresse du logis. C'est donc une œuvre commune entre les deux... J'entends Paul qui me demande s'il n'y a pas aussi des cas nombreux où le corps, où l'âme agissent isolément, sans que nous puissions l'empêcher, sans que nous en ayons conscience?

Voyons, mon cher Guillaume Legrain, répondez à cette question. Lorsque vous quittez l'école vers midi, que faites-vous en rentrant à la maison?

— Monsieur, je dîne.

— Et que devient la nourriture que vous prenez?

— Elle tombe dans mon estomac qui la digère.

— Très bien, mais que devient-elle une fois digérée?

Guillaume garde le silence.

— Allons je veux vous aider. Elle se change d'abord en *chyle*, liqueur blanche qui, elle-même, se transforme en sang, servant ainsi à renouveler insensiblement notre substance matérielle... Je vais plus loin : le sang, chassé du cœur, pénètre successivement dans les artères, puis dans les veines, pour recommencer toujours son parcours jusqu'au moment de la mort. Or ce mouvement de transformation et de circulation continuel du sang, pouvez-vous l'arrêter? Que vous en ayez conscience ou non, êtes-vous le maître de dire à votre sang : Tu ne circuleras plus?

Legrain. — Non, certes.

M. Bernard. — Il y a donc des actes qui sont propres à notre corps, qui s'accomplissent à notre insu et sans le concours de notre volonté : par ce côté, nous vivons d'instinct et d'une vie toute animale. N'oublions pas ce point de départ.

Mais si certains actes sont propres à notre corps et indépendants de notre volonté, il y en a d'autres, et en bien plus grand nombre, qui sont propres à l'âme et dans lesquels ce même corps n'a aucune part quelconque.

Quand vous quittez la classe pour rentrer chez vous, vous emportez les devoirs que je vous ai donnés pour le lendemain. Tout en marchant et laissant aller vos jambes d'une façon que j'appellerai instinctive, quelques-uns songent à ces devoirs : comment les faire? par où débuter? par où finir? Ils pensent donc, ils réfléchissent et accomplissent un acte qui n'a absolument rien à faire avec les mouvements du corps. Qui pense? qui songe? qui réfléchit? L'âme, l'âme seule.

Autre exemple. Vous apprenez par cœur une leçon et vous la confiez soigneusement à votre mémoire. Ici, vos yeux, votre corps concourent à une action commune; mais le lendemain, en regagnant l'école, vous repassez votre leçon en vous-même, sans vous servir de vos yeux, comme vous avez fait pour l'apprendre;

votre esprit seul agit et votre corps n'a plus rien à faire dans ce travail.

Troisième phénomène. Vous êtes en présence d'un devoir moral; vous êtes sollicité vers le bien; vous êtes sollicité vers le mal; ce n'est plus seulement votre pensée, votre raison, ce n'est plus votre intelligence seule qui est en jeu, c'est votre *volonté* qui doit prendre une détermination, quelquefois énergique, avec le concours du corps; d'autres fois contre lui et pour combattre ses penchants. Ces actes-là sont très souvent les plus difficiles à accomplir. Mais aussi, quand nous les accomplissons dans le sens dicté par la conscience morale, nous sommes plus véritablement hommes, plus véritablement dignes de notre origine, plus semblables à l'image du Dieu qui nous a créés.

Ainsi donc, en résumé, trois sortes d'actes : 1° propres au corps; 2° propres à l'âme; 3° communs au corps et à l'âme.

Tâchez de ne pas oublier cette triple distinction; tâchez aussi de me faire sur l'ensemble de cette question un devoir sérieusement étudié.

QUESTIONNAIRE. — Les divers organes ou fonctions de notre corps sont-ils perfectibles par l'homme? — Peut-on en donner des exemples frappants? (Les sauvages de l'Amérique.) — Quelle conséquence peut-on en tirer et quelle habitude faut-il acquérir à ce point de vue? — Le corps a-t-il des fonctions qui s'accomplissent sans aucune participation de l'âme? (En donner des exemples : la digestion, la circulation du sang, les battements du cœur.) — Y a-t-il des actes exclusivement propres à l'âme? — Y en a-t-il enfin qui soient communs à l'âme et au corps?

FACULTÉS DE L'AME

III

LE BÉBÉ

Avant de vous parler, mes amis, des fonctions propres à l'âme, de ses facultés et des divers phénomènes moraux et intellectuels qui sont la conséquence directe de ces mêmes facultés, je veux causer avec vous, pendant quelques instants, d'un sujet plein d'intérêt pour vous et que vous connaissez déjà parfaitement : ce sujet aura l'avantage de vous montrer l'homme au début de la vie, à ce moment où les fonctions de son corps et de son âme se trouvent pour ainsi dire confondues.

Vous qui êtes ici, vous avez presque tous de petits frères ou de petites sœurs que, dans la famille, on appelle Bébés. Étudions Bébé ensemble : vous y trouverez, j'en suis sûr, amusement et profit.

Comment se développe Bébé? D'abord il obéit seulement à l'instinct animal que sa mère est obligée de diriger, de guider. Bientôt, ses yeux brillent quand il goûte sa soupe; Bébé a l'air fort content, si content même, que parfois il se met à sourire, d'un sourire bien vague sans doute, où il y a encore quelque chose de l'animal, mais où déjà une lueur d'intelligence illumine son petit visage. Vous en êtes vous-mêmes si frappés que vous lui répondez par des sourires et des caresses.

Cependant Bébé grandit, ses forces physiques se développent et, à mesure que ce phénomène se réalise, voilà le petit être qui regarde avec curiosité et plaisir certains objets, qui se détourne avec effroi de certains autres. Le pourquoi, il n'en sait rien ; mais chose remarquable, son intelligence semble croître avec ses organes. Il paraît avoir conscience de ce qui se passe autour de lui ; et voilà qu'un jour sa mère lui dit : Bébé est sage ; ou bien : Bébé est méchant, vilain Bébé ! et l'enfant de rire ou de pleurer selon le mot qu'on lui adresse. Il a donc compris, il a donc une certaine conscience de ce qui est bien, de ce qui est mal. Assurément tout cela est imparfait, confus ; et cette demi-intelligence ne saisit qu'à demi la différence entre les deux. Patience ! après bien des mécomptes, des erreurs souvent réitérées, un jour viendra où ses parents joyeux s'écrieront : « Bébé a l'âge de raison ! » Pauvre raison, elle est encore fort obscure, très informe ! Mais comparez le point de départ au point d'arrivée : quelle distance notre Bébé a parcourue !

A partir de ce moment, ses connaissances et sa conscience progressent parallèlement, s'il est bien dirigé ; la dernière surtout, avec une rapidité étonnante. D'où vient cette faculté ? C'est que l'enfant ayant appris à parler, se trouve en rapport plus constant avec la société qui l'entoure et, par cette société, le sens moral, en germe chez lui, s'éveille et se forme de plus en plus. Ces divers états, mes amis, vous les avez traversés et je n'ai fait que répéter votre histoire. Oui, chacun de vous a passé par là. Ce qui m'amène à vous dire quelques mots du second problème que résout à sa manière toute existence humaine.

Désormais, notre Bébé, nous l'appelons encore ainsi, est en relation continuelle, et avec la famille et avec la société. Tous s'empressent de lui indiquer le point précis où il se trompe, où il fait mal, où il fait bien; et de fortifier en lui la conscience morale dont il est naturellement doué. Plus tard en élargissant le cercle, en l'étendant au genre humain tout entier, l'enfant apprendra de façon à n'en pas douter, que dans tous les temps, que dans tous les lieux, on a reconnu, proclamé certaines règles du bien ou du mal comme immuables, inviolables en soi. Cet enseignement-là, mes chers enfants, s'appelle *Tradition*, c'est-à-dire qu'il est transmis de père en fils, de génération en génération chez chaque nation civilisée. J'ajoute que plus une nation est civilisée dans le véritable sens du mot, plus elle proclame et sauvegarde cette belle tradition. Notre Bébé en naissant ressemblait beaucoup à un animal, n'est-il pas vrai? Et pourtant quel animal pourrait être élevé de la sorte? Ici se révèle en traits lumineux une différence profonde entre l'homme et la bête.

Je m'arrête là pour aujourd'hui.

Résumé. — Faire raconter par écrit l'histoire du *Bébé*, et montrer surtout comment se fait sa première éducation.

IV

OPÉRATIONS, FONCTIONS DE L'AME

A première vue, et si nous ne consultions que nos sens, l'homme semblerait se concentrer exclusivement dans son corps, et sa vie ne serait que le résultat naturel de ses fonctions matérielles. Mais dégageons-nous des sens, replions-nous en nous-mêmes, et soudain nous découvrirons dans notre conscience intime un ordre de faits où la matière n'entre pour rien. Ainsi *penser, connaître, se souvenir, raisonner, aimer, haïr*, sont autant d'actes de notre intelligence, dans lesquels notre corps n'a aucune part. On les nomme les *opérations de l'âme*, ou les diverses manières d'agir de l'âme, ou les *phénomènes* (1) *de la conscience*. Pour les reconnaître et les classer, point n'est besoin de vous mettre l'esprit à la torture, comme vous pourriez l'imaginer; il vous suffira seulement de prêter une attention sérieuse aux explications que je vais vous donner.

« Par exemple, sur cette table qui est devant moi, se trouve un livre publié d'hier et que je ne connais pas. Si je n'étends pas la main pour m'emparer de ce livre, si je ne l'ouvre pas; si, après l'avoir ouvert, je ne fixe pas mes regards sur ses pages, je ne saurai pas ce qu'il contient. Mais dès que j'ai commencé à fixer les yeux sur les mots et sur les phrases impri-

---

(1) Manifestations.

mées dans ces pages, je saisis la pensée de l'auteur, je juge tantôt qu'il a tort, tantôt qu'il a raison. A l'occasion de ce qu'il écrit, je me rappelle plusieurs choses que j'ai faites moi-même autrefois. Enfin, cette lecture m'est tour à tour indifférente, agréable ou pénible ; elle me charme, elle me lasse ; il y a des passages que j'admire et d'autres qui m'irritent. Tels sont en partie les faits contradictoires qui se passent dans mon âme quand je lis un livre pour la première fois. Donnons à chacun de ces faits le nom qu'il porte, et nous serons bien près d'avoir classé les *phénomènes de la conscience*.

» Étendre la main pour s'emparer d'un livre, l'ouvrir, tenir les yeux fixés dessus, ce sont là des faits *volontaires*.

» Voir les caractères imprimés sur les pages, suivre les pensées de l'auteur, juger qu'elles sont vraies ou erronées, ce sont là des faits *intellectuels*.

» Enfin éprouver, à la lecture de ce livre, du charme ou de l'ennui, aimer, admirer, s'irriter, ce sont là des faits *sensibles*.

» Tous les *phénomènes de conscience* peuvent se ramener à ces trois chefs principaux : faits *sensibles*, faits *intellectuels*, faits *volontaires* (1). »

Aux faits *sensibles* se rattachent toutes les opérations de notre âme, dans lesquelles nos sens ont plus ou moins de part. Ainsi la joie et la tristesse, l'amour et la haine, la crainte, l'espérance, et les diverses émotions que peut ressentir le cœur de l'homme.

Mais avoir des idées et juger, se souvenir, raison-

---

(1) *Notions de logique*, par Ch. Jourdain, membre de l'Institut.

ner, voilà des faits *intellectuels* se passant dans notre esprit.

Enfin, nous prenons des déterminations, des résolutions, nous faisons des actions : ce sont des faits provenant exclusivement de notre volonté, ou, comme on dit, *volontaires*. Retenez bien ces trois divisions, mes chers enfants ; nous les retrouverons plus tard sous une autre forme.

Voyons, mon cher Legrain, sentir et connaître est-ce la même chose ?

LEGRAIN. — Oh! non, monsieur. Ce matin, Jacques Lerebours m'a donné un coup de poing que j'ai joliment senti.

Toute la classe éclate de rire.

LEGRAIN. — Eh bien! moi, je ne ris pas, car je m'en ressens encore. Mais maintenant que je connais le mauvais caractère de Jacques, je ne jouerai plus avec lui.

M. BERNARD. — Vous auriez tort, mon cher Legrain ; Jacques a cédé sans doute à un mouvement d'impatience, mais en général il n'a pas un mauvais caractère. En tout cas, vous venez d'établir d'une manière fort nette la distinction entre sentir et connaître.

Votre sensibilité, éveillée par une sensation douloureuse, vous a fait *connaître* ce que vous appelez le mauvais caractère de votre camarade. Et votre âme, réunissant instantanément ces deux opérations différentes, vous a fait prendre la détermination de ne plus fréquenter Lerebours.

Ainsi donc, c'est convenu, *sentir* et *connaître* sont deux choses très différentes. Chacun de vous, inconsciemment peut-être, s'en rend parfaitement compte ;

il en est de même de la *sensibilité* et de la *raison*. Quand nous nous laissons emporter par la *sensibilité*, par la passion, comme on dit, la raison n'y est plus : nous perdons la tête, et, sous le coup de l'émotion du moment, nous ne nous connaissons plus. Ce contraste entre le sentiment et la raison se reproduit à chaque instant dans la vie : l'un nous entraîne jusqu'à la passion, l'autre nous ramène et nous calme par la réflexion.

Les faits *volontaires*, les résolutions, les actions qui en résultent ne sont pas moins faciles à reconnaître.

Cependant il ne dépend pas absolument de nous de sentir et de penser comme nous voulons ; les choses extérieures produisent quelquefois sur nous des effets tout à fait inattendus qui, que nous le voulions ou non, nous causent du plaisir ou de la peine. Mais nous pouvons toujours vouloir dans un sens ou dans un autre, nous pouvons prendre des déterminations. Si, dans certaines circonstances, nous hésitons, nous doutons, c'est parce que notre raison ne voit pas clairement, malgré ses efforts, où est la vérité, où est l'erreur. En pareil cas, le plus pénible pour nous, c'est de ne pas discerner le vrai sens dans lequel nous devons vouloir.

QUESTIONNAIRE. — Quelle impression première ressentons-nous sur l'existence de l'homme, à la vue d'un de nos semblables? — En dehors des sens, sur le terrain exclusif de la conscience intime, quel ordre de faits découvrons-nous? (Des faits en dehors de la matière, non physiques.) — Que faut-il entendre par opérations de l'âme? Citez-en quelques-unes. — En quoi ces phénomènes se distinguent-ils des faits sensibles? (1° Manière de les connaître; 2° source ou principe en nous-mêmes.) — Indiquer, par un exemple, comment peuvent se classer ces phénomènes?

(Histoire du livre.) — Dans cet exemple, quels sont les faits *volontaires? intellectuels? sensibles?* — Comment se classent donc tous les phénomènes de conscience? (Faits sensibles, intellectuels, volontaires.) — A quelles opérations spéciales de l'âme convient-il de rattacher les faits *sensibles?* En indiquer quelques-uns? — De même pour les faits *intellectuels?* — Pour les faits *volontaires?* — Ainsi : à quel ordre de faits appartiendra *sentir? — Connaître?* — Donnez un exemple propre à faire saisir la différence de ces deux phénomènes? — Quelle conséquence résulte de l'examen de ces deux faits? (Résolution ou détermination.) — Quels sont les deux effets inverses produits par le temps et la réflexion sur le *sentiment?* — Sur la *raison?*

V

FACULTÉS DE L'AME

L'autre jour, mes amis, je vous ai montré et analysé successivement les diverses opérations de notre âme. Tantôt elle se présentait à nous avec tous les caractères de la passion et dominée par ses sentiments ; tantôt nous la voyions cherchant et méditant la vérité, ou bien encore, prenant des déterminations, faisant acte de volonté : mais c'était toujours l'âme en action. Quelle conséquence pouvons-nous tirer de là? C'est que nul fait n'arrive en nous ni hors de nous sans avoir une cause. Donc l'âme, qui se manifeste sous les formes les plus variées, qui produit les opérations les plus diverses, doit posséder certains pouvoirs actifs d'où proviennent précisément ses opérations, et dont celles-ci ne sont que les effets. Ces effets ont, par conséquent, des causes, et ces causes sont ces pouvoirs actifs auxquels nous donnons le nom de *Facultés*. Qu'est-ce donc qu'une *Faculté* et comment la détermine-t-on ?

Le mot *faculté* veut dire en soi : pouvoir d'agir, dans un sens ou dans un autre, et on le détermine ou précise en constatant une classe particulière d'opérations qu'on attribue à cette faculté comme à leur cause. J'essayerai de mieux vous faire comprendre ce que je viens de dire en vous transportant dans le monde physique.

Le physicien, vous le savez, est un savant voué à l'étude des lois naturelles qui régissent le monde extérieur. Par exemple, il étudie un corps quelconque pour en reconnaître ou limiter les propriétés. En l'observant de près, il reconnaît que tel corps a la vertu d'en modifier d'autres, et toujours dans le même sens, toujours produisant les mêmes effets. Dès lors, il est fondé à conclure que ce corps lui-même possède des propriétés correspondantes aux effets produits, il en déduit une loi générale. Eh bien, le philosophe, non moins savant que le physicien, se livre, lui, à l'étude de notre âme, il constate qu'elle aime, pense, conçoit, se détermine, et non moins justement que le physicien, il en déduit qu'elle a la faculté d'aimer, de penser, de concevoir, de se résoudre, et ramène ces diverses opérations à cette cause première.

Mais ici se présente une différence profonde entre le travail de l'observateur philosophe et celui du physicien. Ce dernier ne voit pas les propriétés des corps, il les induit ou les suppose, d'après les faits ou phénomènes qu'il a sous les yeux. » Quant aux propriétés elles-mêmes, elles sont, pour lui, les causes inconnues des faits connus. Prenons un exemple : l'aimant attire le fer. Voilà un fait parfaitement établi et qui pourtant l'étonne. Il en connaît si peu la cause qu'il ignore si elle ne se confond pas avec l'électricité.

Si nous nous tournons, au contraire, vers l'âme ou vers le monde moral, la cause et l'effet nous sont révélés instantanément. Écoutez-moi bien : quand j'étudie la réalité des opérations de l'âme, je ne songe même pas à en déduire l'existence d'une *faculté*. Par une vision instantanée de mon sens intime, je saisis à la fois la cause et l'effet. Tenez, Pierre, vous qui m'écoutez si bien, pouvez-vous me dire qui pense quand vous pensez ?

Pierre. — C'est moi, monsieur.

M. Bernard. — Et quand vous voulez une chose, qui veut ?

Pierre. — Moi, monsieur.

M. Bernard. — Ainsi, dans le même moment, vous avez conscience non seulement de votre pensée, non seulement de votre volonté, non seulement de l'effet produit, mais de la cause de cette pensée, de cette volonté, si bien que chacun de vous aurait pu répondre : *Je* ou *moi*.

Donc, encore une fois, les opérations de l'âme se partagent en faits sensibles, *sentiments*, en faits intellectuels, *pensées*, en faits volontaires, *actions*. D'où encore trois facultés fondamentales : 1° la *sensibilité* ou faculté de sentir ; 2° l'*entendement*, ou faculté de connaître ; 3° la *volonté*, ou faculté d'agir.

Ce peu de mots vous suffira, j'espère, pour vous faire comprendre ce qu'on entend et par les opérations, et par les facultés de l'âme. Mais il y a encore quelques points que je voudrais rendre évidents à vos yeux.

Je vous ai déjà montré, vous vous le rappelez, certaines différences, comme aussi certaines ressemblances entre l'homme et l'animal : ici, nous trouverons réunies les unes et les autres. L'animal possède, comme l'homme, la sensibilité et l'activité. Mais combien les caractères de cette sensibilité et de cette activité sont tout autres chez la bête que chez l'homme ! L'animal est esclave des sens : aussi, est-ce pour lui le seul moyen de connaître. Pour lui, tout est dans le fait sensible, individuel, passager. S'il montre une sorte d'intelligence plus ou moins obscure, c'est toujours en vue de ce fait individuel et passager. Voyez le renard si célèbre par ses ruses. Quel est son but invariable en se procurant une poule, ou un lapin ? C'est d'assouvir sa faim. Une fois cette faim apaisée, sa faculté de mettre ensemble deux idées paraît s'éteindre. En étudiant de près le chien, le cheval et d'autres animaux, nous serions toujours forcés d'arriver à la même conclusion. Tout ce qu'ils peuvent manifester de mémoire, de calcul, ne dépasse pas le domaine du fait particulier. Jamais leur intelligence, quelque développée qu'on la suppose, ne s'élèverait à des connaissances générales. On en peut dire autant de leur activité, qui n'a guère d'autre but que de satisfaire un besoin ou d'éviter un danger immédiat.

En est-il de même chez l'homme ? Nullement. Grâce à l'entendement ou à la faculté de connaître, d'un fait particulier, individuel, il déduit la loi générale, il généralise, comme on dit. Il va même jusqu'à concevoir des idées universelles : l'idée de Dieu, l'idée de l'âme immortelle, l'idée de la morale, et d'autres encore. Mais il fait plus ; il les fixe par certains signes abstraits, qu'il nomme des lettres, dont il forme des mots, des syllabes, des phrases, un langage enfin ; et par le langage, il entre en rapport intellectuel avec ses semblables. Dites, mes amis, l'animal est-il capable d'un pareil travail, d'une pareille invention ?

Quels efforts il a fallu faire pour ainsi créer le langage écrit, d'abord informe, barbare ; puis, plus développé ; puis, devenant parfait ? Tout cela vous est familier, enfants, si familier même que vous n'avez jamais songé aux difficultés vaincues pour y parvenir !

Ainsi, tous ces résultats si étonnants sont dus, chez l'homme, à sa faculté de connaître, qui n'a été départie à aucun autre animal et qui reste, par conséquent, sa propriété exclusive et sa faculté proéminente.

Est-ce tout ? assurément non. L'activité de l'animal est une réaction aveugle, qui répond à une impression reçue et à une certaine connaissance obscure qui en résulte. Sans doute, elle peut exister aussi chez l'homme ; mais cette façon de connaître visant seulement ce qui passe, s'élève aussi, chez lui, à ce qui demeure : la loi, l'idée, l'universel ; et, par là, elle influe sur sa troisième faculté qui est l'activité, elle la modifie, la transforme. Grâce à sa raison, il conçoit, pour lui-même, des motifs d'agir, motifs permanents, tout à fait indépendants de l'impression reçue par la *sensibilité*.

L'homme peut mieux encore, toujours grâce à sa faculté de connaître. Il peut opposer sa propre raison morale à la sollicitation des sens ; se refuser à satisfaire son intérêt matériel, et repousser cette sollicitation par d'autres motifs, d'un ordre plus élevé, comme celui du devoir, dont il a une notion claire et distincte

Vous le voyez, la véritable supériorité de l'homm-consiste dans le jeu harmonique de ces trois faculté élémentaires, et c'est grâce à elles, s'il en use bien, qu'il devient véritablement le roi de la création.

En résumé, l'activité de l'homme ressemble, en beaucoup de cas, à celle de l'animal; mais très souvent aussi elle en diffère. Les idées générales que sa raison conçoit lui fournissent des motifs d'agir d'un autre ordre; motifs qui demeurent indépendamment de l'impression transmise par la sensibilité dont le caractère est essentiellement transitoire ou passager. Il peut même comparer entre eux ces divers motifs d'agir, les opposer les uns aux autres et en tirer des motifs d'un ordre plus élevé, tels que la notion du devoir, notion existant antérieurement dans son esprit à l'impression qu'il a reçue. De cette activité exclusivement propre à l'homme naît précisément sa liberté et, par suite, sa responsabilité.

Qui oserait en dire autant de l'animal?

QUESTIONNAIRE. — Résumer en quelques mots les diverses opérations de l'âme. — Quelle conséquence peut-on tirer de ces opérations? — Quel nom donne-t-on aux pouvoirs actifs de l'âme, comme causes de ses opérations? — Qu'est-ce qu'une *faculté*? — Quelle différence y a-t-il entre le physicien et le philosophe, lorsque l'un étudie les propriétés des corps et l'autre les diverses facultés de l'âme? — Comment appelle-t-on le principe qui pense et connaît en nous? — Connaissons-nous la cause de nos pensées? — En combien de classes se divisent les diverses facultés de l'âme? — Montrer les différences qui existent entre la sensibilité et l'activité de l'animal et celles de l'homme? — Montrer, par des exemples, les caractères essentiels de chacun? (Demi-intelligence, caractères transitoires de l'activité chez l'animal.) — Faire ressortir par des exemples le caractère de l'activité humaine et résumer la question en quelques mots.

VI

DU MOI ET DE SES PROPRIÉTÉS

Maintenant, mes chers enfants, que nous avons une idée des différences fondamentales qui existent entre l'âme et le corps, entre les fonctions propres à l'un et à l'autre, une idée de la liberté ou libre arbitre qui est le privilège de l'homme doué d'une âme, ne serait-il pas nécessaire de connaître un peu mieux cette âme dont le rôle est si puissant en nous ? Oui, et quoique le sujet soit à la fois très élevé et très profond, il me semble que vous y apporterez toute la bonne volonté dont vous êtes capables.

Disons d'abord que notre âme est *une;* qu'elle est *identique*, c'est-à-dire toujours semblable à elle-même quant à sa substance ; qu'elle est spontanée, c'est-à-dire qu'elle peut agir immédiatement, directement, en vertu de sa volonté, qu'elle est *libre, responsable, inviolable, personnelle.* Lorsque vous étiez de tout petits enfants, votre attention se portait d'abord sur les objets du dehors, soit pour vous en amuser, soit pour vous les approprier. En avançant en âge, votre examen du monde extérieur s'étendit un peu à mesure que vos sens se perfectionnèrent, mais pendant plusieurs années encore votre attention, vos observations se fixèrent presque exclusivement sur les objets matériels. En tout cela vous agissiez d'instinct et conformément à votre nature ; vous ressembliez plus aux animaux qu'à l'homme, parce que votre âme ne se distinguait pas elle-même ; mais le moment vint où elle s'affirma : elle dit *moi* en opposition avec la matière, qui devint pour elle le *non-moi*. Ainsi par le *moi* nous devons entendre l'âme avec son activité, ses facultés ; l'âme se distinguant des objets extérieurs.

Je viens de vous indiquer les principaux caractères de l'âme ; l'unité d'abord. Il est clair qu'il n'y a pas plusieurs *moi* en nous pour chacun des actes que nous accomplissons. Etudiez, jouez, pensez, aimez, haïssez, c'est toujours le même *moi* qui agit et qui pense, qui aime et qui hait. Nos sensations se succèdent perpétuellement, nos faits de conscience changent sans cesse mais c'est toujours le même *moi* qui les éprouve ; il reste, lui, invariable, *un* en un mot.

Il n'en est pas ainsi du corps ; il est toujours composé d'une infinité de parties qui peuvent se séparer ou se réunir sous l'action de la force physique. En réalité, la matière est sans cesse en voie de changement, de transformation ; souvent les objets que vous avez sous les yeux changent d'apparence et de place avec le temps : les rochers roulent dans la vallée ; la forêt disparaît sous l'action des éléments et des hommes ; un lac s'étend là où mûrissaient autrefois de riches moissons ; un torrent ravage le flanc de la montagne et y creuse son lit.

Un autre caractère de l'activité de l'âme, c'est l'*identité*, c'est-à-dire que notre moi éprouve des émotions diverses, mais qu'il reste toujours le même.

Par exemple, vous, Louis et Antoine, vous avez élevé un petit animal, un petit chat, je suppose ; vous l'avez soigné, caressé, aimé de tout votre cœur ; mais un jour ce petit animal vous a mordus, griffés, et alors vous l'avez pris en grippe, et au lieu d'affection vous avez éprouvé de la répulsion, de la haine. Ces deux sentiments contradictoires : aimer et haïr, qui donc les a ressentis ?

Louis et Antoine (en même temps) : C'est moi, maître, c'est moi !

Vous voyez donc que votre moi est identique, puisqu'il peut éprouver alternativement et souvent à la fois des sentiments semblables et pourtant très différents, sentiments qui peuvent se produire aussi bien dans le présent qu'ils se sont produits dans le passé et se reproduiront dans l'avenir.

L'âme agit encore fréquemment comme *cause*. Quelques exemples nous feront toucher du doigt ce que je veux vous dire. Des hommes s'établissent dans un pays inculte, tout près d'une grande rivière bordée de grandes forêts. Pas la moindre trace d'habitation, ni de moisson dont ils puissent tirer leur subsistance. Il faut courir au plus pressé, se loger, se nourrir, se vêtir. L'activité de leur âme est tout entière dirigée vers ces trois points. Ici l'âme devient une *cause*, puisque la première impulsion vient d'elle. Les corps habités par ces âmes se mettront bientôt à l'œuvre : les huttes faites en branchages d'arbres serviront d'abri pour la nuit ; les peaux de bêtes fauves tuées à la chasse couvriront ces corps ; les arbres tombés sous la hache seront débités en planches et formeront de modestes habitations. Enfin ces mêmes hommes défricheront une partie de la forêt, sèmeront du blé là où croissaient des arbres, et se feront un jardin potager autour de leur nouvelle demeure. Que signifie tout cela, mes enfants, sinon que l'âme, par son activité, est devenue la cause de l'activité des corps, et produit tous ces effets? Les villes populeuses de l'ancien et du nouveau monde n'ont pas eu d'autre origine que cette activité de l'âme faisant mouvoir le corps.

L'activité de l'âme humaine peut être *spontanée* ou *réfléchie*. A votre âge, la spontanéité domine : vos résolutions sont subites, instantanées et mises sur-le-champ à exécution, quitte à le regretter plus tard. Quand vous aurez acquis un peu plus de sérieux et d'expérience, la réflexion viendra ; vous penserez avant d'agir et alors vous serez maîtres de vous-mêmes, vous serez vraiment des hommes. Gardez-vous surtout d'oublier que les deux formes de l'activité, la spontanéité et la réflexion, se conserveront pendant toute votre vie, car elles sont l'expression de votre *liberté*. Pénétrez-vous bien aussi de cette autre vérité : les trois caractères que je viens de vous exposer, *causalité* (1), *spontanéité*, *liberté*, n'existent réunis que dans l'homme. L'activité appartient peut-être à la matière, la spontanéité appartient certainement aux animaux ; la liberté est le propre de l'homme.

Trois autres caractères découlent encore essentiellement de ceux dont je viens vous parler : la *responsabilité*, la *personnalité*, l'*inviolabilité*. L'âme étant libre est tout naturellement responsable du bien et du mal dont elle peut être la *cause*.

Or, la *responsabilité* n'est qu'un autre mot pour exprimer le *devoir*. Le devoir est multiple : Devoir de l'homme envers Dieu, envers ses semblables, envers lui-même, envers la patrie.

A côté du devoir, il y a le *droit* que l'âme inviolable peut défendre contre toute force extérieure, même au prix de la destruction du corps, comme l'ont fait tant

---

(1) Loi par laquelle une cause produit un effet.

de nobles martyrs de la foi, de la liberté et de la patrie !

Saint Jean Népomucène reprochant à un roi de Bohême ses vices, et cherchant à ramener ce roi à de meilleurs sentiments avec une énergie toute chrétienne, fut précipité par ordre du tyran dans la Moldau et y périt. Il avait usé de son *droit*, en remplissant ce périlleux *devoir*. En souvenir de son glorieux sacrifice, sa statue se dresse encore aujourd'hui à Prague sur le pont de la Moldau.

Jeanne d'Arc, la sainte héroïne, affirma avec un courage sublime son *droit* de sauver la France, et accomplit au prix de sa vie ce *devoir* sacré. Elle mit aussi en pratique l'inviolabilité de son âme en assumant la responsabilité de ses actes.

Tous ces caractères de l'âme humaine peuvent se résumer en un seul mot : *Une personne*. Ce terme ne peut absolument s'appliquer qu'à l'homme, et chaque *personne* réunit en soi les divers caractères que nous venons d'envisager ensemble.

Une *personne* est l'opposé d'une *chose*. Les choses sont donc l'ensemble des êtres privés des qualités spéciales qui constituent la personne, c'est-à-dire privés de l'activité, de la conscience, sans lesquelles celle-ci ne saurait exister.

Nous voilà arrivés à la fin de nos entretiens sur la nature humaine, son essence, ses caractères. Ils vous ont présenté sans aucun doute de sérieuses difficultés. C'est pourquoi je vous félicite de l'attention soutenue que vous m'avez prêtée ; c'est pourquoi aussi j'engage ceux d'entre vous qui sentiraient le besoin de quelques explications ultérieures à venir me les demander. Je m'empresserai d'autant plus volontiers de vous les donner que ces entretiens nous serviront de point de départ pour l'étude de la *Morale* dont nous nous occuperons dans nos prochaines leçons.

QUESTIONNAIRE. — Quels sont les caractères principaux de l'âme? — A quelle époque de la vie humaine l'âme commence-t-elle à s'affirmer? — Comment établit-on son unité? — Quelle est la différence entre l'âme et le corps? — Comment démontre-t-on l'identité de l'âme? — Que devons-nous entendre par causalité? — Exemples pratiques de la *causalité*, de l'*activité* de l'âme. — Qu'entendez-vous par la *liberté* de l'âme? — Cette liberté existe-t-elle dans le monde des corps? — Quels sont les trois caractères qui découlent de la liberté de l'âme? — Qu'est-ce que le devoir?

DEUXIÈME PARTIE

LA MORALE

Dans mes précédentes leçons, mes enfants, nous avons étudié ensemble la nature humaine. Je vous ai montré comment nous arrivons successivement à distinguer notre âme de notre corps, à discerner les actes qui proviennent de nos organes ; comment aussi ceux-ci influent sur notre âme en provoquant de sa part des déterminations.

Je ne veux point revenir sur ces diverses manifestations de la nature humaine, et si je les rappelle ici, c'est afin que vous compreniez mieux ce qui va suivre.

Voyons, mon cher Jules Blandin, je vous pose une seule question avant de passer outre : Pourriez-vous me dire quels caractères nous avons reconnus dans notre âme, en étudiant les phénomènes qu'elle produit ? Ceci est un point essentiel.

— Monsieur, répondit le jeune Blandin, nous découvrons dans notre âme un être libre, un, identique à lui-même, responsable de ses actes et dont la volonté est inviolable.

— C'est parfait, mon enfant, je n'en espérais pas autant. Mais qu'est-ce que vous entendez par volonté inviolable ?

— J'entends que si, par notre volonté, nous prenons une résolution, une détermination, comme celle de mourir pour notre foi plutôt que de la renier ; ou encore d'exposer notre vie pour sauver celle de notre prochain, ou pour défendre notre patrie, on peut bien s'opposer à notre action en agissant sur notre corps, mais non sur notre volonté, qui reste inviolable, ainsi que vous l'avez dit.

M. Bernard. — A merveille, mon cher Jules, je vous fais mon compliment de l'attention que vous avez prêtée à mes paroles. Maintenant il s'agit pour nous d'aborder la Morale proprement dite. Pourquoi, au lieu de traiter tout d'abord ce sujet, qui est le nôtre, ai-je commencé par l'analyse de la nature humaine ? C'est qu'il me fallait bien établir, en premier lieu, la loi qui règle le libre usage de nos facultés, et par conséquent vous démontrer ce que sont ces facultés et leurs divers modes d'action. Sans cette démonstration préliminaire, il serait presque impossible de déterminer la raison de cette grande loi qui porte le nom de *Morale*. C'est elle, en effet, qui doit être et qui est adaptée aux conditions supérieures, caractéristiques de la nature de l'homme, telles que je me suis efforcé de vous en donner la notion.

Il vous sera facile de comprendre actuellement, du moins je l'espère, comment la bête, soumise à peu près complètement à des conditions fatales, ne peut jamais être susceptible de moralité.

Que faut-il entendre par ce mot : la *Morale ?* Quel est l'objet de la *Morale ?* La signification des mots nous importe grandement : c'est pourquoi nous devons nous arrêter avant de passer outre.

Si je cherche l'étymologie de celui-ci, je trouve qu'il remonte au latin, *Mores*, qui signifie mœurs, habitudes, caractère. Nous disons les mœurs d'un peuple, les mœurs d'un individu ; les mœurs peuvent être bonnes, médiocres, mauvaises, ce n'est pas la question pour le moment. Ce qu'il nous est nécessaire de savoir, c'est ce qu'on entend au fond par les mœurs d'une personne, les mœurs d'une nation. Par ce mot mœurs, on comprend donc l'ensemble des actions réputées morales ou immorales, c'est-à-dire bonnes ou mauvaises selon leur qualité intrinsèque.

Mais, pour les juger, nous devons avoir en nous une règle intérieure qui nous permette de porter un jugement.

Ceci pourrait suffire déjà pour nous donner une idée assez nette de la *Morale*, cherchons pourtant à la définir mieux encore. On a dit : la morale est une règle obligatoire à laquelle la volonté humaine est tenue d'obéir, et de laquelle naissent tous nos devoirs. On l'a nommée aussi la science des mœurs, la science du bien, de l'honnête, de l'utile, etc., etc. Mais sous tous ces noms divers on retrouve toujours l'idée de loi absolue, indépendante des hommes, des lieux et des temps, et réglant souverainement les actions humaines.

L'étude de cette loi a été considérée comme si importante, qu'on en a fait une science : la science morale, comme dans un autre ordre de connaissances on dit la science physique, la science mathématique, etc.

Nous ne saurions entrer profondément dans l'étude de la morale ; je me contenterai donc de vous en donner aujourd'hui les grandes divisions, me réservant d'y revenir prochainement.

La Morale se divise en deux parties principales : La morale théorique ou théorie générale de la morale, ou science du devoir. Elle consiste surtout dans des recherches sur la loi morale elle-même, sur ce qui en fait la force, sur les principes qui l'appuient, sur les conséquences qu'entraîne l'observation ou la violation de ses préceptes. C'est par l'étude de cette théorie que nous commençons (1). La seconde division est la *morale pratique* ou *particulière*. On entend par là, la *science* ou l'*étude des devoirs*, science qui n'est autre chose que l'application aux actions humaines de la loi supérieure et absolue.

Cette *morale pratique* ou particulière se subdivise à son tour en trois parties : Morale *individuelle* qui renferme les devoirs de chaque homme vis-à-vis de lui-même ; — *morale sociale*, à laquelle appartiennent les devoirs de l'homme envers ses semblables et envers la société ; — enfin morale *religieuse* qui renferme, comme son nom l'indique, nos devoirs envers Dieu.

¶ QUESTIONNAIRE. — Résumer brièvement les notions données ur la nature humaine. — Fonctions de l'âme et du corps. — Caractères essentiels de l'âme. — Pourquoi, avant de commencer l'étude de la Morale, a-t-il fallu étudier la nature humaine ? — Que faut-il entendre par le mot Morale, d'où vient-il ?

(1) *Théorie*, science ou connaissance qui consiste à exposer des principes sans passer à la pratique. Ainsi, la théorie des planètes, c'est la science qui apprend à connaître les lois de leurs mouvements, leur distance, leur grandeur, etc. Ainsi, encore, on dit : la théorie de la géométrie, pour la distinguer de la géométrie pratique. Le mot *théorie* a formé celui de *théorème*.

— Définir la Morale ? — En combien de parties se divise l'étude de la Morale ? — Que faut-il entendre par Morale théorique ? Par Morale pratique ?

I

MORALE THÉORIQUE

CARACTÈRES PRINCIPAUX DE LA LOI MORALE — MOTIFS DIVERS DE NOS ACTIONS.

Je voudrais pouvoir, mes amis, rendre aussi faciles que possible les choses que j'ai à vous dire, et pourtant, je ne me dissimule pas que j'y parviendrai difficilement, si, de votre côté, vous ne faites pas tous vos efforts pour me comprendre. Du reste, comme d'ordinaire, je serai prêt à répondre à vos interrogations.

D'abord, quels sont les caractères principaux qui constituent l'essence même de Loi morale ?

1° L'*universalité*, 2° l'*impersonnalité*, 3° l'*obligation*.

1° Elle doit être *universelle* : cela veut dire évidemment que cette loi doit s'étendre à tous les êtres de la même espèce et à tous leurs actes ; c'est l'idée même que nous nous formons d'une loi générale, et on l'applique aux lois qui régissent le monde physique, comme à celles du monde moral. Dans l'ordre physique, nous en avons un exemple dans la Gravitation, qui régit tous les êtres matériels.

2° *Impersonnelle :* la loi destinée à commander à l'homme, comme loi supérieure et universelle, ne peut pas émaner de la personne humaine. Cette personne, elle, est un simple individu : or comment ce qui est individuel peut-il être universel? Puis, ce qu'un individu fait, ou lui-même ou un autre peut le défaire : que deviendrait alors la loi, sinon le jouet de tous les caprices? Autre chose: Nul ne peut s'obliger lui-même, être sa propre loi, sa propre règle. Donc, la loi morale doit apparaître à l'homme comme indépendante de lui, supérieure à lui ; en un mot comme nécessaire et absolue. En d'autres termes, cette loi est *impersonnelle*, ne dépendant en rien des personnes.

3° *Obligatoire :* la loi s'adresse à la volonté des êtres libres : dès lors, elle doit emprunter à elle seule son autorité; elle doit se faire obéir et respecter, par cela seul qu'elle est la justice souveraine. Aux yeux de tout être raisonnable, elle sera inviolable et sacrée. Supposons même que cette loi soit dépouillée de toute sanction humaine, elle n'en conservera pas moins son caractère *obligatoire* pour la conscience. Et cela prouve précisément qu'elle ne tire pas son origine de la force, car la force peut nous *contraindre*, mais non nous *obliger*. Retenez bien la différence, amis, entre la contrainte et l'obligation. En me liant à un arbre, on peut me contraindre à ne pas m'échapper, malgré tous mes efforts ; mais je ne suis pas lié par ma volonté. Le devoir, au contraire, *m'oblige*, en tout état de cause, et quelquefois ce devoir s'impose jusqu'au sacrifice de la vie. N'est-ce pas là, par exemple, le devoir du soldat: ainsi, l'idée de l'obligation est celle d'une nécessité qui s'impose à l'être libre, sans toutefois porter atteinte à sa liberté.

L'universalité, l'impersonnalité, l'obligation, voilà

donc les trois caractères principaux qui forment l'essence de la loi morale. D'autres encore sont nécessaires à son accomplissement ; l'un d'eux par exemple, c'est qu'elle puisse être toujours praticable et facilement exécutée, malgré les obstacles qui s'opposent à sa réalisation.

Mais, étant donnée et établie cette loi morale, supérieure, absolue, étant donnés ces caractères principaux, reste encore la liberté de la volonté humaine qui a le pouvoir, par sa nature, de se décider dans un sens ou dans un autre. Bien entendu, ce doit être pour le bien, puisque la loi morale le prescrit; mais enfin, elle peut aussi se déterminer par d'autres motifs, très puissants sur elle, si puissants même que des hommes très savants, des philosophes les ont érigés en système et pris pour base de la loi morale. Quand plus tard vous aurez quitté mon école, vous pourrez rencontrer de ces hommes qui soutiendront leurs systèmes : il est donc utile de vous renseigner à ce sujet.

Le premier de ces systèmes est celui du *Plaisir*. Vous le trouvez étrange, n'est-ce pas? Écoutez moi bien : Nous éprouvons une sensation agréable ou désagréable, qui met notre sensibilité en éveil et devient ainsi le motif déterminant de nos actions. Pour les hommes qui prennent ce point de départ, toute la loi morale consiste à *chercher le plaisir* et *à éviter la douleur*.

Cette doctrine a existé dans l'antiquité, elle a encore été soutenue de nos jours.

Eh bien, chercher le plaisir, éviter la douleur, est-ce que ce principe satisfait aux conditions de la loi morale?

D'abord le principe en lui-même peut-il devenir une maxime générale? Il n'y a pas de plaisir général, mais il y a une foule de plaisirs particuliers et de nature très diverse; selon les individus « chacun prend son plaisir où il le trouve », dit le proverbe. Comment voulez-vous que le plaisir de celui-ci devienne forcément le plaisir de celui-là? C'est impossible. Pourquoi? Parce qu'en général, nos impressions agréables ou désagréables proviennent de notre sensibilité, c'est-à-dire de l'élément le plus variable dans la nature humaine, puisqu'il dépend de la constitution, du tempérament, du caractère. La belle règle de conduite qui changerait autant que les individus !

Vous le voyez, mes bons amis, il est impossible de faire du plaisir la base de nos actions, ou d'une loi commune à tout le genre humain. Cette morale-là livre l'homme à lui-même, à ses penchants, à ses passions. C'est commode, mais peu moral. Autre considération : Ce motif de détermination est essentiellement *personnel* : autant de personnes, autant de plaisirs. Or, nous l'avons reconnu, un des caractères fondamentaux à la loi morale, c'est d'être *impersonnelle*. Si l'homme agit simplement en vue du plaisir ou de la douleur qu'il éprouve, il ne songe qu'à lui, sa conduite devient purement égoïste et intéressée ; il s'érige lui-même en Dieu, il se fait sa propre loi, ce qui exclut précisément l'idée de morale. Lorsqu'il se dirigera exclusivement d'après son propre intérêt, il ne se croira plus obligé à rien : je défie que du plaisir on fasse sortir le devoir.

Le motif de nos actions consistant à chercher le plaisir et à éviter la douleur, ne peut donc avoir aucune autorité et n'est nullement obligatoire pour la conscience intime. Il est impossible d'en faire une base de morale.

Aussi, cette doctrine a-t-elle été généralement rejetée, grâce à un sentiment d'honnêteté existant chez la plupart des hommes. Ses partisans eux-mêmes ont fini par en avoir honte, mais ne voulant pas l'abandonner complètement, ils se sont rejetés sur l'*utile* ou l'*intérêt bien entendu*.

Eh bien, examinons si ce qui nous est utile, ce que nous croyons être dans notre intérêt bien entendu, peut devenir le motif déterminant de nos actions.

Si je dis qu'une chose m'est utile, cela revient à dire qu'elle est dans mon intérêt. Arrêtons-nous à ce second terme à cause de sa plus grande clarté. Or, je remarque qu'à mes propres yeux, ces mots, *intérêt bien entendu*, varient selon notre âge et selon nos impressions mobiles. Un jeune homme prendra souvent une détermination soudaine et agira dans un sens qu'il regrettera peut-être toute sa vie. Il la croyait pourtant dans son intérêt à l'âge de vingt ans. Pourquoi ce changement? C'est qu'il ne prévoyait pas les conséquences de son acte. Plus tard, l'expérience lui montre qu'il est dangereux de céder à ses premières impressions, de prendre des déterminations en conséquence. Alors son intérêt change de face : l'intérêt bien entendu d'hier n'est plus celui d'aujourd'hui. Il calcule, prévoit, réfléchit, combine les moyens pour atteindre son but. Pour le coup, sa conduite est essentiellement intéressée, elle se change en égoïsme exclusif, parce que le motif de ses actions est uniquement personnel. Sa raison même viendra en aide à sa sensibilité pour le rendre prudent et calculateur.

Comment pareil mobile pourrait-il jamais devenir le fondement de la loi morale ? Aussi, je ne m'étonne pas de trouver les paroles suivantes dans un ouvrage de philosophie :

« La morale de l'intérêt est repousssée par la conscience du genre humain qui l'a toujours flétrie ; et, en effet, elle est incapable de rendre compte des jugements que portent les hommes sur leurs propres actions et sur celles de leurs semblables, ainsi que des sentiments qui les accompagnent. Le genre humain n'accorde ni son estime, ni son admiration à ceux qui font le bien par calcul. Ces héros, comme on l'a dit, ne sont que des marchands habiles, capables de supputer ce que rapporte un acte de bienfaisance ou d'apparente générosité. L'humanité ne décerne ses couronnes qu'aux martyrs du devoir, et ne dresse des autels qu'à la vertu. »

QUESTIONNAIRE. — Quels sont les trois caractères principaux qui constituent la loi morale ? — Qu'entendez-vous ici par les mots : universalité, impersonnalité, obligation ? — Quelle est la différence entre la contrainte et l'obligation ? — Quels sont les divers motifs de nos actions ; en d'autres termes, quelle doit en être la base ? — Le plaisir peut-il être, comme système, la base de la loi morale ? Donner quelques détails à ce sujet. — Que faut-il entendre par la Morale utilitaire ou de l'Intérêt bien entendu ? — L'intérêt peut-il devenir obligatoire pour tous les hommes ? — Pourquoi la doctrine de l'*Intérêt bien entendu* a-t-elle été repoussée ?

II

CONSCIENCE MORALE. — NOTION ET SENTIMENT DU DEVOIR

A Béaumont-sur-Oise où M. Bernard était instituteur, on voyait arriver chez lui, une ou deux fois par an, un vieillard à chevelure blanche comme la neige, à la tête carrée, aux fortes épaules, marchant un peu courbé comme un homme fatigué par le travail et les années. Il s'appelait M. Raymond. C'était un instituteur et, de plus, un maître émérite. Les enfants qui aimaient à causer avec lui avaient bien vite découvert ses connaissances précises et profondes en fait d'éducation.

Il y avait parmi eux toute une légende sur ce M. Raymond, qui paraissait fort intime avec son excellent collègue de Beaumont. On savait que ce vieillard aux dehors si respectables et si aimables à la fois, dirigeait depuis de longues années une école publique très importante dans une ville manufacturière du Nord. Plusieurs générations d'écoliers lui avaient passé par les mains, et, quand il paraissait dans la rue, parents et élèves rivalisaient de zèle pour lui témoigner leur respect. En lui le père se montrait beaucoup plus que le maître, ou plutôt ces deux caractères se confondaient en un seul, celui d'ami de l'enfance. Toute la ville où se trouvait son école le connaissait, il y était devenu une véritable autorité. C'était aussi un rude chrétien, il en avait donné plus d'une preuve dans des temps difficiles.

Mais M. Raymond, ai-je dit, était déjà avancé en âge, et ses forces affaiblies exigeaient de temps à autre un repos indispensable.

Lorsqu'il se trouvait chez son ami, M. Bernard, celui-ci lui consacrait tous ses moments de loisir, et souvent on voyait les deux instituteurs se promener ensemble le long de la petite rivière, savourant à la fois les charmes d'une belle soirée et ceux d'un entretien amical, qui portait le plus souvent sur l'enseignement.

Or, un certain soir, comme les deux amis se promenaient selon leur l'ordinaire, la conversation sembla s'échauffer, ou plutôt s'animer d'une manière fort vive. Cela se conçoit, voici de quoi il était question.

Mon cher collègue, dit M. Bernard, vous me voyez embarrassé. Je fais en ce moment à mes écoliers un petit cours de morale, et me voilà arrivé à une des questions les plus hautes et en même temps les plus difficiles à traiter devant des bambins de douze ans. Si je ne me trompe, vous avez, dans votre jeunesse, fait des études plus approfondies sur ces matières que la plupart des instituteurs, et m'est avis que vous pourriez bien me donner un bon conseil.

M. RAYMOND. — Volontiers, mon cher Bernard, mais de quoi s'agit-il?

M. BERNARD. — Voici. Je voudrais faire comprendre à mon petit auditoire le fondement sur lequel repose la *conscience morale;* en d'autres termes, le sentiment ou la notion du devoir. C'est une question ardue, même pour des esprits habitués à creuser les sujets philosophiques : que sera-ce donc pour ces jeunes intelligences?

M. RAYMOND. — Vous êtes assurément dans le vrai, mon ami, pourtant, selon moi, c'est une question de bon sens plus encore que de philosophie; aussi ne faut-il pas s'en exagérer la difficulté. Cherchons néanmoins, si vous voulez, à la débrouiller ensemble, elle en vaut bien la peine. Du reste, elle ne m'est point tout à fait étrangère, je l'ai déjà traitée avec mes élèves.

D'abord existe-t-il pour nos déterminations et nos actions une règle absolue, impersonnelle, en vertu de laquelle nous prononçons à l'aide de notre raison, sur la valeur de ces mêmes actions? Quand nous affirmons l'existence des objets extérieurs qui nous entourent, nous le faisons toujours, remarquez-le, en y employant notre raison pour contrôler les impressions reçues par nos sens. Mais cette même raison nous révèle-t-elle ce que nous devons faire, comment nous devons agir, comme elle nous révèle ce qui est?

M. Bernard. — Je réponds hardiment, oui. En effet, n'importe la détermination que nous avons à prendre, il se produit invariablement en nous trois sortes de jugements, tout à fait différents dans leur nature et leur origine. Par le premier de nos jugements, nous déclarons tel acte agréable ou pénible; d'ordinaire ce sont nos sens qui provoquent ce jugement, et nous n'avons guère en vue que les résultats immédiats de cet acte. Par exemple, une odeur nous plaît-elle, ou nous inspire-t-elle de la répugnance? Certain spectacle de la nature nous charme-t-il, ou nous cause-t-il de l'effroi? Le jugement que nous portons repose sur des résultats immédiats.

Par le second jugement, nous exprimons notre opinion sur les résultats éloignés de cette même action, mais toujours dans l'ordre des choses extérieures ou matérielles. Je m'explique : on vient me proposer d'entrer en association avec un riche négociant pour une affaire importante. Avant de prendre un parti, j'examine à loisir la nature de l'affaire, je prends toutes sortes de renseignements pour pouvoir me prononcer en connaissance de cause. Après ces préliminaires, où ma raison seule est en jeu, je forme un jugement définitif et je prends une détermination.

Eh bien, ces deux jugements sont contingents, c'est-à-dire, ils peuvent se réaliser ou non. Le premier dérive d'une expérience le plus souvent pratique ; celle-ci peut nous révéler si l'action est conforme ou non à notre intérêt. Ainsi, qu'il me prenne envie de descendre en barque, sans savoir la diriger, une rivière rapide, je puis le faire en cédant à une première détermination ; mais si je suis sage, je porterai un second jugement basé sur les dangereux résultats de mon imprudence, et je m'abstiendrai de m'y exposer. Ce second jugement dérive évidemment de ma raison.

M. RAYMOND. — A merveille. Maintenant voici un autre côté de la question. Lorsque l'individu subit exclusivement l'influence du premier jugement, il satisfait ce que j'appellerai l'égoïsme étroit et personnel, c'est-à-dire la *sensualité*. C'est précisément cet instinct mobile et presque aveugle que suivent si souvent et l'enfant et le peuple, autre grand enfant. Mais il y a plus : lorsque nous cédons à l'influence du second jugement, raisonné celui-là, c'est encore notre propre intérêt ou l'égoïsme qui nous fait agir ; seulement nous l'appelons alors la prudence humaine, qui est dans ce cas comme le comble de l'égoïsme ou de notre intérêt bien entendu. N'êtes-vous pas de mon avis ?

M. BERNARD. — Tout à fait.

M. RAYMOND. — Maintenant, après avoir constaté l'existence de ces deux jugements, si l'on observe ce qui se passe dans la conscience, on s'aperçoit bien vite qu'un troisième jugement accompagne communément les deux premiers, et que ce jugement qualifie d'une tout autre manière la valeur de nos actes. Par ce troisième jugement, nous proclamons mal, mauvais, inique en soi, l'acte que nous déclarions peut-être naguère utile à notre intérêt. Parfois, au contraire, nous déclarons bon, utile, honorable, glorieux même, l'acte qui nous paraissait nuisible ou funeste non seulement à l'individu, mais à la société. Si je voulais bien faire comprendre à des enfants l'existence réelle de ce dernier jugement, j'en montrerais l'application dans leur propre vie d'écolier, dans le sacrifice de leurs goûts personnels à ceux de leurs camarades; dans la désapprobation de leur conscience quand ils violent un devoir; dans leur satisfaction intime lorsqu'ils domptent leurs instincts mauvais et pratiquent résolument le bien. Et ainsi de suite.

Ces explications et ces exemples m'amèneraient alors facilement à exprimer notre dernier jugement par une formule très claire et très simple. *Ceci est bien; ceci est mal.* Mais sur-le-champ survient cette autre observation : ce jugement est très souvent en contradiction avec les deux premiers. Or, pour qu'il en soit ainsi, il faut absolument qu'il soit d'une nature et d'une origine toute différente. Et, comme les deux premiers sont contingents ou variables à l'infini, il faut que celui-ci ait sa source dans la raison même; qu'il soit impersonnel, absolu, car enfin ce dernier jugement ne dépend pas de nous : que nous le voulions ou ne le voulions pas, il est au fond de notre conscience. Sondons encore un peu cette idée.

Que se passe-t-il, dans cette conscience, lorsque nous affirmons d'une action qu'elle est bonne ou qu'elle est mauvaise? Nous ne pourrions évidemment faire cette affirmation, si nous n'avions au dedans de nous, presque à notre insu et involontairement, un type, un idéal auquel nous comparons tous les actes que nous appelons *bons* ou *mauvais*.

Encore une fois, la comparaison ne pourrait s'établir, si nous n'avions dans notre raison une idée préconçue. Donc cette idée existe, et nos affirmations, dans un sens comme dans un autre, reposent sur elle.

CONCLUSION.

Il existe une raison pratique, comme il existe une raison théorique, et cette raison ou cette idée en vertu de laquelle nous qualifions nos divers actes, nous la désignons sous différentes dénominations et nous l'appelons *loi naturelle, devoir, sens moral, conscience.*

Mais ce mot de *conscience*, mon ami, que je viens de nommer si souvent, nous ne l'avons pas encore défini et pourtant il est essentiel pour vos élèves d'en bien connaître la nature. Après tout, il était bon peut-être de la décrire dans ses effets avant d'arriver à la définir.

Qu'est-ce donc que la conscience morale? C'est une lumière intérieure par laquelle l'homme se rend témoignage du bien ou du mal qu'il fait ou qu'il voit faire à d'autres. Réduit à ces termes simples, l'objet propre de la conscience c'est *de juger les actions particulières à chaque homme*, et, naturellement, ces jugements sont particuliers dans chaque circonstance.

Nous voilà en face d'un acte à accomplir : notre raison commence par balancer le pour et le contre; elle réfléchit, elle arrive à former un jugement avant cette détermination, avant la mise en œuvre, pour ainsi dire, de notre volonté.

Tel est le rôle de la conscience. Je n'ai guère besoin d'ajouter que, de même qu'il y a des jugements réfléchis de la conscience, il y en a de *sponta-*

nés qui en jaillissent instinctivement, comme dans l'ordre physique, a dit ingénieusement un auteur, notre odorat nous avertit que nous sommes en présence d'un mets dangereux.

Maintenant, cette conscience est-elle souveraine, est-elle faillible en nous? Eh! sans doute, elle est souveraine, il n'y a pas en nous d'autre autorité à laquelle nous puissions recourir pour fixer notre appréciation morale, mais elle est faillible, parce que la conscience de chaque homme est plus ou moins formée, développée, selon l'éducation, les passions et le tempérament qu'il a reçus en partage. Voici, en effet, les graves paroles d'un écrivain que je lisais, il y a peu de temps, et que j'ai notées sur mon carnet :

« La conscience est évidemment pour chaque homme, en matière de bien et de mal, une autorité *souveraine*. Nulle autre autorité ne peut prévaloir sur elle. L'autorité même de Dieu ne peut s'exercer sur la conscience que parce que la conscience déclare qu'il faut obéir au principe suprême du bien et croire à l'Être qui est toute vérité.

» Cette autorité souveraine de la conscience est cependant une autorité faillible. La conscience peut être imbue, par l'éducation, de faux principes. En outre, dans les jugements particuliers qui sont son œuvre propre et qui supposent l'appréciation de faits très complexes, il peut se glisser de graves erreurs. » (*Instruction morale*, par l'abbé de Broglie, p. 166.)

Si j'étais vous, mon cher Bernard, j'arrêterais là cette leçon un peu abstraite pour vos enfants. Cependant, je l'ai éprouvé par moi-même, dans mon école, ces choses-là leur entrent assez facilement dans l'esprit, par l'excellente raison qu'elles y sont déjà inscrites avec une certaine clarté au fond de leurs âmes. Il est vrai que le catéchisme y aura beaucoup contribué et, assurément, ce n'est ni vous ni moi qui le regretterons. Mais, si vous le voulez, nous reprendrons ce sujet dans nos prochaines promenades.

Maintenant, allons souper; ou votre excellente femme nous reprocherait d'être en retard.

QUESTIONNAIRE. — De quoi s'agit-il dans cette leçon? — Quels jugements se produisent en nous dans toute détermination prise ou à prendre? — De quelle nature est le troisième jugement? — Sur quoi repose-t-il d'une façon absolue? — A l'aide de quelle comparaison arrivons-nous, souvent malgré nous, à l'idée du *devoir*, de la *loi naturelle*, du *sens moral* et de la *conscience*?

III

DISTINCTION DU BIEN ET DU MAL

L'OBLIGATION MORALE

M. RAYMOND. — Dans notre dernier entretien, mon cher ami, nous avons parlé longuement de la notion du devoir; mais, certes, nous n'avons pas épuisé le sujet, et, selon moi, il y aurait encore des éclaircissements importants à donner à vos élèves. Il faudrait, entre autres, leur faire connaître avec clarté et netteté la distinction entre le bien et le mal, distinction qui ressort du caractère obligatoire du devoir et des fonctions essentielles de la conscience.

Dans notre analyse du devoir, nous avons constaté que cette notion repose sur une idée préconçue, sur un idéal que nous pouvons appeler inné dans la conscience humaine, ce qui entraîne rigoureusement pour nous l'obligation de faire certains actes à l'exclusion d'autres d'un caractère opposé. En quelques mots, voilà la distinction entre le Bien et le Mal : si nous agissons en harmonie avec la fin pour laquelle nous avons été créés, nous sommes dans la règle absolue, autant qu'il dépend de nous. Si, au contraire, nous agissons dans une direction contraire à notre destination ici-bas, nous violons l'ordre général établi par la Cause suprême. Un enfant peut comprendre cela. Cette idée comprise, toutes les autres conceptions morales en découlent : celles du Devoir obligatoire, du Vice et de la Vertu, du Mérite et du Démérite, des récompenses et des châtiments. Oui, je prétends que l'idée du Bien remonte à ce premier point de départ, et établit par là même la distinction entre le Bien et le Mal.

En effet, l'idée du Bien pour l'être raisonnable, celle d'une fin, d'une destinée propre, dérivent de sa nature. De même qu'à chaque existence nous assignons une cause; de même, à chaque être créé, nous supposons une fin. Nous regarderions comme absurde une existence sans but, sans motif; nous regarderions également comme absurde et impossible un phénomène physique sans cause. Quand nous nous plaçons en face de l'Univers, nous y reconnaissons un ensemble d'existences ayant toutes leur condition et leur destination particulières; toutes marchant vers cette destination; toutes concourant à l'ordre, à l'harmonie, à la beauté universelle. Appliquons ce même principe aux créatures intelligentes et libres; sur-le-champ il éveille en nous l'idée de l'ordre moral. Faire le mal, c'est donc violer cet ordre; faire le bien, c'est marcher vers la fin pour laquelle nous avons été créés. La différence dont il faut tenir grandement compte, c'est que, dans le monde physique, les êtres marchent vers leur destination d'une façon aveugle, fatale; tandis que, dans le monde moral, ils y marchent avec conscience et liberté.

Telle est, selon moi, la notion générale de l'Ordre ou du Bien, et telle aussi l'idée générale du Mal ou violation de l'Ordre. Il est d'autant plus important de faire entrer cette idée dans l'esprit des enfants que celle de l'*Obligation morale* s'y rattache directement. A côté de l'idéal préconçu qui nous fournit la notion du devoir, nous avons également reconnu l'existence d'une conscience morale, qui nous donne une notion exacte du bien et du mal. Il serait bon, ce me semble, de déterminer maintenant les caractères généraux de cette idée ou notion.

Cette idée est *perpétuelle*, car nous la retrouvons toujours depuis l'origine de l'humanité; elle est *universelle*: l'histoire de tous les peuples en témoigne; de plus elle s'impose à nous comme une chose *nécessaire*; elle est une et absolue dans sa nature. Elle se montre évidente à tous les esprits comme un axiome mathématique, et, par conséquent, elle n'a pas besoin d'être prouvée. Enfin, elle ne dépend en aucune façon des personnes et des individus; voilà pourquoi nous pouvons l'appeler *impersonnelle*.

Elle est *impersonnelle*, ai-je dit. Cette loi que je trouve en moi-même, je ne l'ai pas faite; quand je lui obéis, ce n'est pas à moi que j'obéis; ma volonté, ma personnalité ne peuvent rien sur elle; elle était avant moi et avant toutes choses; elle est éternelle, immuable comme l'éternelle vérité qu'elle exprime.

Ainsi cette loi morale n'est pas d'institution humaine ; Dieu lui-même ne pourrait la changer, car il lui faudrait changer la raison, c'est-à-dire changer ses propres attributs, sa propre essence, puisque cette loi vient de lui ; et voilà précisément pourquoi elle s'impose à nous comme une obligation absolue ; et voilà aussi pourquoi, si nous la violons, nous détruisons, autant qu'il dépend de nous, le but pour lequel nous avons été créés. En un mot, comme disaient les anciens : « C'est la loi à laquelle sont soumis et les dieux et les hommes. »

Encore quelques mots. La loi tire d'elle-même, ou plutôt de Dieu, son autorité ; sans doute elle a une sanction, mais, en supposant que celle-ci n'existât pas et qu'il n'y eût aucune puissance pour la faire respecter, elle n'en conserverait pas moins sa force. Pourquoi ? c'est qu'au fond elle est en Dieu et par Dieu. Ainsi donc son empire continuerait de s'exercer sur tous les êtres raisonnables et libres. Telle est, selon moi, la véritable notion de l'*obligation*, c'est-à-dire d'une puissance qui commande sans contraindre, qui lie les volontés et ne force pas les actes. « Cette loi, a-t-on dit avec raison, laisse à l'homme sa dignité et le mérite de ses actions : sa dignité, car en lui obéissant il se sent pleinement libre ; le mérite de ses actions, car le mérite ne peut naître que d'une conduite désintéressée. Enfin, la morale n'a plus seulement de maxime à donner, ses maximes deviennent des ordres revêtant un caractère impératif : ce sont des préceptes auxquels correspondent, de la part de ceux auxquels ils s'adressent, autant de devoirs stricts et rigoureux. »

Cette fois, mon cher Bernard, voilà des choses décidément bien abstraites, bien élevées pour des enfants. Il est vrai qu'en vous parlant ainsi j'ai affaire à un maître intelligent et plein de zèle, qui trouvera le moyen, tout en posant les préceptes et exposant les divers caractères de la morale, de les appliquer aux devoirs quotidiens de la vie scolaire. De fait, il n'y a pas une obligation imposée à nos écoliers qui n'ait pour base la notion du devoir : devoir envers les maîtres, envers les parents, envers les camarades, envers eux-mêmes. Autant d'obligations dont les applications ne manquent pas; elles abondent, au contraire. Ce qui fait trop souvent défaut, c'est le talent de les saisir au passage et de les mettre en relief. Quant à moi, qui suis entré depuis longtemps dans cette voie, j'y ai trouvé pour mes élèves grand profit, et pour moi-même la source de jouissances intimes.

M. Bernard. — Ce que vous venez de dire me frappe singulièrement, et, je l'avoue, la notion du devoir, comme celle de la distinction du bien et du mal, comme encore celle de l'obligation, ne m'étaient jamais apparues avec autant de clarté. Mille fois merci de m'avoir ainsi fait partager le fruit de vos longues études, je tâcherai d'en profiter.

Et à ce propos, laissez-moi vous communiquer une pensée qui me frappe en ce moment. La loi dont nous parlons s'applique non seulement aux choses réelles et positives, mais encore aux faits historiques ou imaginaires. Voyez comme le récit de quelque belle action nous enflamme, nous empoigne pour ainsi dire. S'agit-il d'un personnage qu'on nous donne comme un héros, nous le suivons avec passion à travers toutes ses aventures; s'il est récompensé de sa belle conduite, nous en sommes aussi enchantés que s'il s'agissait de nous-mêmes. D'où nous vient cette singulière émotion? d'où ces sentiments élevés, si ce n'est de la notion du *bien* et du *mal*, en d'autres termes de la notion du devoir obligatoire? Et j'en dirai autant de la répulsion instinctive que nous inspire le tableau du crime commis, soit en réalité, soit dans un écrit fictif.

Ne croyez-vous pas que c'est précisément la notion innée du devoir, qui produit en nous cette émotion et ce mouvement sympathique de notre âme en présence d'un acte accompli par un être libre, acte que nous qualifions parfois d'héroïque ou de sublime?

M. RAYMOND. — C'est tout à fait juste, mon ami. La notion du *devoir*, la distinction du bien et du mal, celle du *vrai* et du *faux*, du *beau* et du *laid*, existent chez tous les êtres raisonnables, et produisent chez eux les mêmes sentiments quand ils ne sont pas aveuglés par les passions.

QUESTIONNAIRE. — Quelle idée ressort de la notion du devoir? (L'idée d'une fin appropriée à la nature de l'homme.) — Comment appelle-t-on les actes par lesquels l'homme se conforme dans sa conduite à sa destination ici-bas? — Comment appelle-t-on ceux par lesquels il viole la loi morale? — Montrer le rapport qui existe entre les lois du monde physique et celles du monde moral dans l'harmonie générale de l'Univers? — Quels sont les caractères généraux qu'on trouve dans l'idée du bien et du mal? — Montrer comment la loi morale est obligatoire pour la conscience. — Pourquoi nous intéressons-nous si vivement, soit au tableau des belles actions historiques, soit au récit fictif où apparaît en pleine lumière, ou l'idée du bien, ou l'idée du mal?

IV

LE MÉRITE ET LE DÉMÉRITE. — LA SANCTION

M. Raymond avait quitté Beaumont-sur-Ayre pour retourner à son école dans le nord de la France. Ce fut avec un véritable sentiment de tristesse que M. Bernard l'avait accompagné un matin jusqu'au chemin de fer qui devait l'emporter. Cette impression était encore visible sur les traits de notre excellent instituteur lorsqu'il parut dans sa classe pour continuer son cours de morale.

Mes amis, dit-il en débutant, je vous ai fait connaître avec clarté, j'espère, la distinction profonde qui existe entre le bien et le mal : le bien, c'est la conformité de nos actes avec la fin pour laquelle nous avons été créés ; le mal c'est, de notre part, une révolte contre notre fin.

Mais de cette idée il en ressort immédiatement une autre qu'on appelle le *Mérite* et le *Démérite*. Quand un homme ou un enfant pratique le bien, on dit qu'il est *méritant*. Que mérite-t-il donc? Une récompense. Si, au contraire, ce même homme, ou ce même enfant viole la loi du devoir, se livre au mal, on dit qu'il *démérite* ou devient coupable. Cela implique aussi qu'il mérite une punition, un châtiment.

Que trouvons-nous en plus dans cette idée du *mérite* et du *démérite?* C'est que pour mériter, pour pratiquer le *bien* ou la *vertu*, il nous faut toujours un effort et même beaucoup d'efforts; il faut vaincre les tentations qui nous sollicitent au mal, et cela coûte à nos mauvais penchants, mais surtout aux penchants qui se rattachent à notre nature corporelle. L'idée de récompense, l'idée de châtiment naissent donc inévitablement de la mise en pratique volontaire du bien ou du mal. Une loi inviolable a été violée par un être libre : elle exige une réparation. Entre la faute et le châtiment s'établit un lien nécessaire, absolu. La conscience humaine est si fortement empreinte de cette idée, qu'on la trouve exprimée sous les formes et les images les plus terribles dans les croyances et les traditions de tous les peuples.

Selon les croyances universelles, le châtiment arrive dès que le mal a été commis et sans aucune intervention humaine : c'est la conscience elle-même qui se charge de l'infliger. Ce châtiment a un nom : il s'appelle le *remords*. Que veut dire ce mot? Il vient du latin *morsus*, une morsure. En effet, il semblerait qu'en violant la loi naturelle nous soyons mordus au cœur par une bête venimeuse; et, fait remarquable, le mot et l'idée se retrouvent dans tous les temps, dans toutes les langues, dans toutes les histoires. Jugez donc, chers enfants, combien le mal doit être une chose horrible, puisqu'il a produit partout et toujours une impression si profonde et si terrible! Nul doute que le genre humain y a vu, tantôt d'une façon claire, tantôt d'une façon demi-obscure, que le mal est une atteinte directe à la loi de Dieu.

Cette idée d'une réparation nécessaire, cette croyance en une sanction *individuelle* en implique encore une autre : l'idée de l'*expiation*. Assurément le coupable doit subir un châtiment proportionné à sa faute; mais s'il l'accepte volontairement, avec repentir, comme moyen de retour vers le bien, la faute et le crime sont effacés, il rentre en grâce avec la loi; pour lui, le châtiment n'est plus un malheur, c'est un bien. Cette notion de l'*expiation* existe également dans la religion de tous les peuples. Depuis surtout que le christianisme est venu, elle se montre lumineuse et vivante dans l'histoire du monde. Quant à ce qui est de l'antiquité, je vous le prouverai en lisant un autre jour quelques extraits des drames ou des ouvrages les plus réputés de la Grèce et de Rome.

La vertu ou l'accomplissement de la loi morale doit avoir aussi sa sanction, et ce n'est que justice; car, en fin de compte, toute loi qui ne serait pas l'expression de la justice ne saurait imposer de sanction (1). Donc, à son accomplissement sont rattachées plusieurs sortes de peines, ou de récompenses: la première de ces récompenses, c'est la satisfaction intime, c'est le bonheur réel que nous éprouvons à faire le bien, à remplir notre devoir. Ainsi, dès ici-bas, chaque vertu entraîne avec elle un avantage qui lui est propre. La sobriété procure ou développe la santé. Le courage uni à la prudence assure souvent le succès des plus grandes entreprises. La justice, la loyauté, la sincérité, nous valent l'estime de nos semblables. Par contre, outre le remords, le vice, à plus forte raison le crime nous attirent le mépris des autres hommes. Si nous nous livrons à la dépravation morale, sans compter notre avilissement à nos propres yeux, la maladie, la misère se chargent de nous infliger quelquefois un châtiment terrible. Ce dernier genre de sanction, l'estime

---

(1) *Sanction*, d'un mot latin qui signifie garantie.

ou le mépris de nos semblables s'appelle la sanction de l'opinion.

Cependant, il faut bien le dire, toutes ces sanctions sont encore insuffisantes : elles en réclament une autre, nécessaire comme complément et destinée à rétablir l'équilibre rompu par une inégale répartition des biens et des maux. Cette sanction qui réalise le règne de la justice absolue, c'est la sanction religieuse des peines et des récompenses dans une autre vie. Oui, Dieu seul peut nous récompenser ou nous punir d'après les règles de la justice absolue.

Avant de terminer notre leçon, je vous dois quelques explications sur les différentes sortes de sanctions qu'on reconnaît dans toute société civilisée. Il y en a quatre : 1° la sanction *individuelle* ou *morale*; 2° *publique* ou *sociale*; 3° *civile*; 4° *religieuse*.

1° *Sanction individuelle*. C'est l'approbation ou la désapprobation de notre conscience à la suite d'une détermination bonne ou mauvaise; on l'appelle encore *contentement intérieur, ou remords*.

2° *Sanction publique ou sociale*. Ce sont les sentiments d'estime ou de mépris qui se produisent chez nos semblables à la vue de nos actions bonnes ou mauvaises.

3° *Sanction civile*. Nous désignons ainsi la distribution des peines ou des récompenses par les lois humaines par l'État ou gouvernement.

4° *Sanction religieuse*. C'est la répartition exacte, faite par Dieu même, de ce que nous appelons le bonheur ou le malheur, selon que nous avons suivi ou violé les prescriptions de la loi morale.

Eh bien, encore une fois, toutes ces sanctions, sauf la dernière, sont insuffisantes. La vertu ne peut être à elle-même son unique récompense. Quand l'homme a lutté toute sa vie contre les suggestions des sens, contre les passions, contre les obstacles et les épreuves de tous genres, il est en droit de compter sur un bonheur bien différent de celui dont il peut jouir en ce monde. Il est convaincu que les sacrifices qu'il s'impose auront pour prix la possession d'un bonheur plus durable, dont le témoignage de sa conscience n'est que le premier indice. Le vice, de son côté, n'est pas suffisamment puni dans le monde actuel.

L'homme pervers parvient trop souvent à étouffer sa conscience et à perdre le sentiment moral. Donc la sanction individuelle est insuffisante. Quant à la sanction publique ou sociale, elle a sans doute une valeur réelle comme la première, mais elle est toujours imparfaite. Nos semblables ne peuvent attacher d'estime ou de mépris qu'aux manifestations extérieures de la volonté humaine; il leur est impossible de sonder les intentions, et ils ne peuvent juger que sur des apparences souvent trompeuses. Or, comme la moralité d'un acte réside dans l'intention de l'agent, nos semblables ne peuvent être des juges infaillibles de la valeur de nos actions. Qui ne sait, d'ailleurs, que la vertu agit très fréquemment dans le silence et la solitude : comment donc cette sanction serait-elle suffisante ?

Il en est de même de la sanction civile; les lois humaines sont presque toujours l'expression imparfaite de la loi invariable et absolue. Comment connaîtraient-elles toutes les actions ? comment apprécieraient-elles exactement leur valeur ? comment appliqueraient-elles les peines et les récompenses d'une manière véritablement proportionnée au degré de bonté ou de perversité qui caractérise les actes de la volonté humaine ? Presque jamais d'ailleurs elles n'atteignent les infractions à la morale individuelle.

Vous le voyez, mes amis, d'après ce que je viens de vous dire, le bonheur ou le malheur dans cette vie ne peut être exactement réparti selon le plus ou moins de vertu des individus. Or, le vice ou la vertu doivent être nécessairement suivis d'une condition heureuse ou malheureuse, autrement le principe de la justice absolue serait violé. Donc, nous devons la trouver dans une existence postérieure. Donc, l'âme doit survivre à la dissolution de l'organisme pour jouir dans une autre vie de la récompense due à ses efforts, ou pour expier ses violations de la loi morale.

« C'est la dernière sanction, la seule possible, la seule réelle, la seule complète, la seule ne pouvant s'exercer que dans une autre existence ; par la raison que la liberté est dans la nature de l'homme, et que cette liberté serait détruite si le principe du mérite ou du démérite avait sa réalisation complète sur cette terre (1). »

Nous voilà ramenés par toutes les voies et de toutes les façons à l'évidence de l'immortalité de l'âme d'un côté, et de l'autre à l'existence d'un Être suprême, le rémunérateur juste, impartial, de toutes nos actions morales.

QUESTIONNAIRE. — Quelle idée ressort directement, pour l'homme, de la notion du bien et du mal ? — Que faut-il entendre par le mérite et le démérite ? — Quelle conséquence morale

(1) *Leçons de philosophie*, par l'abbé Noirot

ressort de la pratique de la vertu ou du vice ? — Que faut-il entendre par le *remords*, et d'où vient ce mot ? — Que veut dire le mot sanction, appliqué, soit au bien, soit au mal ? — Cette idée de sanction a-t-elle été toujours universelle ? — Que faut-il entendre par la sanction individuelle ? sociale ? religieuse ? — Ces diverses sortes de sanction sont-elles suffisantes pour récompenser la vertu et punir le crime ? — Donner des exemples de leur insuffisance ? — D'où vient cette insuffisance ?

V

TRADITION DES ANCIENS SUR L'ORIGINE DE LA MORALE

A quelques jours de là, M. Bernard apparut dans sa classe pour continuer son cours de morale, portant sous son bras trois ou quatre livres de respectable apparence, qui attirèrent sur-le-champ l'attention des élèves les plus avancés. L'un d'eux, fort espiègle de sa nature et poussant quelquefois ses espiègleries jusqu'à l'inconvenance, posa cette question au maître. « Monsieur, est-ce que vous allez nous lire tous ces gros bouquins-là ? »

— Certes non, repartit M. Bernard, mais dans *ces gros bouquins-là*, comme vous les appelez, il y a de fort belles choses dont vous pouvez faire votre profit, vous comme les autres, mon étourdi ; et voilà pourquoi je les ai apportés. »

Les camarades se mirent à rire, et notre espiègle en parut un peu décontenancé.

Maintenant, ajouta M. Bernard, commençons, car l'heure a sonné.

Dans le cours de nos leçons de morale, je vous ai

souvent entretenu de la croyance universelle à l'origine divine de la Morale. Je vous apporte ici des preuves à l'appui de cette tradition, et j'ai choisi certains passages d'auteurs éminents, soit chez les Grecs, soit chez les Romains, où la pensée de Dieu, comme auteur de la Morale, se révèle dans sa noble simplicité.

Je commence par la Grèce et par Athènes, cette patrie des grands écrivains et des grands chefs-d'œuvre de l'esprit humain.

Le premier par ordre de date, dans cette voie, est Sophocle, qu'on a proclamé le poète tragique le plus illustre de tous les siècles. Je vous donnerai en peu de mots quelques détails sur sa vie.

Sophocle naquit en 495 avant J.-C. à Colone, petit bourg de l'Attique. Dès son enfance, il fut remarquable par sa beauté et son merveilleux talent pour la poésie.

Dans leurs fêtes publiques, les Athéniens faisaient jouer des pièces de théâtre d'un caractère propre à provoquer à la fois le sentiment religieux et le plus ardent patriotisme. Il ne faut pas oublier que précisément au cinquième siècle avant J.-C. les Grecs luttaient victorieusement contre l'invasion persane. Dans ces pièces, le plus souvent des tragédies, figuraient des chœurs d'enfants et de vieillards, qui représentaient le peuple et, par des chants cadencés, semblaient prendre part à l'action représentée sur la scène. Or, Sophocle se montra de bonne heure dans ces chœurs, dont sa jeune imagination fut probablement frappée. Plus tard, à l'âge de vingt-huit ans, il remporta le prix sur un autre grand poète tragique de son temps, nommé Eschyle, qui s'était battu contre les Perses à Salamine. A partir de ce moment, on pourrait appeler Sophocle le roi de la scène tragique. Il obtint vingt fois le premier prix et sa carrière poétique se prolongea jusqu'à une extrême vieillesse, puisqu'il mourut en 405.

Mais ce grand génie éprouva, dans les derniers jours de sa vie, un malheur affreux, celui d'avoir un mauvais fils. Il fut accusé par lui d'être tombé en enfance et de ne pouvoir gérer ses biens. Sophocle octogénaire se rendit le jour fixé au tribunal, et se contenta, pour sa défense, de lire devant l'auditoire un des plus magnifiques passages d'une tragédie qu'il venait de composer. L'effet en fut si prodigieux, que ses juges levèrent aussitôt la séance, et le poète fut reconduit en triomphe à sa demeure.

Parmi ses nombreux drames, l'illustre Athénien en avait composé un intitulé *Œdipe roi*, tiré d'une légende fort en vogue parmi les Grecs. Selon cette légende, ou plutôt selon l'oracle d'Apollon, Œdipe devait tuer son père. Or, il était fils de Laïus et de Jocaste, roi et reine de Thèbes, lesquels, pour échapper à la prédiction, l'exposèrent sur le mont Cithéron et l'abandonnèrent. L'enfant, recueilli par un berger, puis adopté pour fils par le roi de Corinthe, fut enfin ramené à Thèbes, après une longue série d'aventures. Chemin faisant, il rencontre sur sa route le roi Laïus qu'il ne connaissait pas, une dispute s'élève entre eux, Laïus est frappé à mort. Œdipe, toujours ignorant de sa naissance, le remplace sur le trône et finit par épouser Jocaste, sa propre mère.

Ce double crime attire sur les Thébains la colère divine, qui se révèle par une peste terrible. Pour l'apaiser, la population remplit les temples de ses prières et de ses lamentations, et l'on consulte de nouveau l'oracle de Delphes ; on supplie aussi le roi et la reine de tout faire pour découvrir le véritable auteur du meurtre. Or c'est dans une de ces supplications adressées au souverain par un chœur de vieillards, soutenu par le peuple tout entier, que nous trouvons constatée en un magnifique langage la croyance profonde à l'origine divine de la Morale. Voici le passage :

LE CHŒUR DES VIEILLARDS

« Plût au ciel qu'il me fût donné comme destinée de porter dans toutes mes paroles et toutes mes actions la sainteté vénérable dont les lois sublimes ont été engendrées au milieu de la clarté céleste ; ces lois dont l'Olympe (le ciel) seul est le père, que n'a pas créées la nature mortelle des hommes et que l'oubli n'ensevelira jamais !

» L'orgueil produit la tyrannie. L'orgueil s'élève jusqu'au faîte du pouvoir, par la démence et par une succession de crimes ; mais au moment où il atteint le faîte, il est précipité dans un abîme d'où il cherche en vain à sortir.

» Je supplie Dieu que cette enquête à laquelle on se livre, que cette recherche ne soit pas vaine ! Voilà ce que je lui demande et ne cesserai de lui demander ! »

Dans tout ce beau passage si rempli d'une tristesse profonde, le peuple, par la voix de ses vieillards, ne réclame qu'une chose : la découverte ou la punition du crime encore inconnu, et, cette punition, il l'implore de qui ? De la divinité, comme auteur de toute loi morale, comme source de toute justice, comme vengeur du crime.

Descendons maintenant le cours des âges et arrivons au premier siècle de l'ère chrétienne. En l'an 50 après J-.C. vivait à Rome un auteur grec non moins célèbre que Sophocle dans un autre genre, et qui a laissé d'intéressantes biographies des *hommes illustres de l'antiquité* et des œuvres morales d'une très grande valeur. Cet auteur se nommait Plutarque, originaire de Chéronée, petite ville de la Béotie, en Grèce. Écoutez comment il s'exprime, lui aussi, sur l'origine divine et sur la perpétuité de la Morale :

« Allez n'importe où, vous pourrez trouver des villes sans murailles, des villes où l'on n'ait pas besoin de monnaies et qui ne possèdent ni gymnases, ni théâtres, mais une cité qui ne reconnaisse rien de sacré ni de divin, où l'on ne sacrifie pas aux dieux, soit pour obtenir des biens, soit pour détourner des maux, jamais une semblable cité ne s'est vue et ne se verra. Pour moi, je comprendrais mieux une ville se soutenant en l'air sans reposer sur aucun fondement, que je ne pourrais me figurer une ville organisée ou maintenue, après qu'on y aurait détruit complètement l'idée de la divinité. Cette idée est *le lien de toute société et la fondation de toute législation.* » (Plutarque.)

Juste à la même époque, il y avait à Rome un poète latin dont les œuvres sont restées un modèle dans le genre satyrique, où excellait aussi notre Boileau. Je veux parler de Juvénal, qui a flétri dans les termes les plus énergiques et avec l'indignation d'un honnête homme les vices et la corruption de ses contemporains. Heureusement il vivait sous l'empereur Trajan, lequel récompensa ses vertus morales en le nommant consul. Très certainement, un des tyrans de Rome l'eût fait mettre à mort à cause même de sa sincérité. Or, dans une de ses satyres, Juvénal s'exprime dans les termes suivants sur le *remords*, qui est aussi, nous l'avons vu, une des faces de la croyance à un principe de morale suprême, émané de la Divinité.

Écoutez ce passage :

« Pourquoi te figurer qu'ils échappent au supplice ceux que le cri déchirant d'une conscience coupable tient sans cesse en émoi, que le remords frappe sourdement de son fouet vengeur, bourreau secret qui torture leur âme? Va, c'est un cruel supplice, plus terrible mille fois que tous les tourments inventés par Rhadamante (1), que celui de porter nuit et jour dans son âme le témoin de ses forfaits. Les dieux punissent la seule pensée du crime, quiconque en médite un est déjà coupable. Que sera-ce s'il est consommé? En proie à de continuelles angoisses, le criminel est poursuivi jusqu'à table, on dirait la fièvre qui dessèche son gosier. La nuit, si par hasard ses remords lui laissent un moment de sommeil, si ses membres longtemps agités sur sa couche ont enfin trouvé le repos, soudain lui apparaît le temple avec les autels du Dieu qu'il a outragé... Voilà ceux qui pâlissent à chaque éclair précurseur du tonnerre, qui tremblent éperdus au moindre murmure des vents. La foudre n'est pas pour eux le résultat fortuit de la fureur des éléments, c'est un feu vengeur lancé sur la terre par le courroux céleste. La tempête a-t-elle épargné leur tête, ils n'en craignent que plus la tempête prochaine;

---

(1) Un des juges des enfers dans la mythologie grecque.

la sérénité du ciel ne leur semble qu'un délai menaçant. Ajoutez qu'aux premières douleurs, au moindre frisson qui les tient éveillés, ils se figurent que leur malheur vient d'une divinité ennemie ; ce sont, à les entendre, les traits de la colère de Dieu. La mobilité et l'inconstance furent toujours le caractère des méchants ; ils n'ont de fermeté qu'au moment du crime : est-il consommé, la conscience reprend tous ses droits».

L'extrait suivant du grand orateur romain, Cicéron, vient prendre sa place au milieu de ces divers témoignages :

« La vraie loi, c'est la droite raison et la voix de la nature comme de tous les hommes ; loi immuable et éternelle qui nous prescrit nos devoirs et nous défend l'injustice ; elle a peu d'empire sur les méchants, mais elle gouverne et subjugue les gens de bien. On ne peut y déroger ni l'abroger, ni lui opposer une loi contraire : le peuple ni les magistrats ne peuvent nous en dispenser. Elle n'a pas besoin d'autre organe, ni d'autre interprète que nous-mêmes. Elle n'est point autre à Rome, et autre dans Athènes, telle aujourd'hui, différente demain.

» Chez tous les peuples, dans tous les siècles, elle est une, éternelle, immuable ; par elle, Dieu enseigne et gouverne souverainement tous les hommes ; lui seul en est l'auteur, l'arbitre, le vengeur. Quiconque ne la suit point est contraire à soi-même et rebelle à la nature ; il trouve dans son propre cœur le châtiment de son crime, quand même il échapperait à toutes les peines que peuvent infliger les hommes. »

(Fragm. du 3ᵉ livre de la *Républ.*, dans Lactance, *Divin. Instit.*)

Enfin terminons ces diverses citations par celle d'un

auteur que nous pouvons appeler encore contemporain, Chateaubriand. Voici comment il s'exprime dans son *Génie du Christianisme :*

« Chaque homme a au milieu de son cœur un tribunal où il commence à se juger soi-même, en attendant que l'arbitre souverain confirme la sentence. Si le vice n'est qu'une conséquence funeste de notre organisation, d'où vient cette frayeur qui trouble les jours d'une prospérité coupable? Pourquoi le remords est-il si terrible, qu'on préfère souvent se livrer à la pauvreté et à toute la rigueur de la vertu, plutôt que d'acquérir des biens illégitimes? Le tigre dévore sa proie et dort; l'homme devient homicide et veille... son regard est inquiet et mobile, il n'ose fixer le mur de la salle du festin, dans la crainte de voir des caractères funestes. »

Nous avons multiplié à dessein ces divers témoignages confirmant une doctrine transmise de siècle en siècle depuis l'origine de l'humanité, afin que l'instituteur pût en faire un choix éclairé suivant l'âge et l'intelligence des élèves. Nous lui conseillons en même temps d'en accompagner la lecture par des explications orales et des questions, afin de s'assurer si les paroles de chaque écrivain ont été bien comprises. C'est un moyen pratique de les graver dans la mémoire et d'intéresser les enfants à un sujet très important, et difficile pour eux. On pourra profiter d'ailleurs de ces explications pour exiger un travail écrit où on leur recommandera de donner essor à leurs propres pensées sur cette grave matière.

N. B. — Il sera utile de faire raconter par écrit aux élèves les divers exemples cités plus haut sur la croyance des anciens aux sanctions diverses de la loi morale.

VI

LE BIEN MORAL NON OBLIGATOIRE. — IDÉAL DE LA PERFECTION MORALE. — LA PERFECTION MORALE DÉPEND DE DIEU.

Je vous ai fait connaître tout récemment, mes amis, en quoi consiste la notion du devoir et les obligations morales qui en découlent. Aujourd'hui je voudrais envisager le bien sous un autre point de vue, et vous montrer qu'il n'est pas toujours absolument obligatoire pour notre conscience de le pratiquer; que, par conséquent, si nous nous en dispensons, nous ne devenons coupables par là, ni aux yeux de Dieu, ni à ceux des hommes.

Tenez, pour mieux vous faire comprendre ce que j'ai à vous dire, je veux vous raconter deux histoires très véritables et arrivées il y a peu de temps dans notre petite ville de Beaumont.

Vous connaissez tous le père Martel, ci-devant maçon, mais qui est resté boiteux à la suite d'un accident survenu dans l'exercice de son métier. C'est un très brave homme, vous le savez, et bon père de famille; malheureusement il ne saurait trop comment soutenir les siens, s'il n'était aidé par M. le curé et par vos parents. Or, Martel revenait d'un village voisin où il avait trouvé une journée à faire. Il avait peine à mettre un pied devant l'autre, le pauvre homme. Mais votre camarade Legrain l'ayant rencontré, l'avait pris sous le bras et l'aidait de toutes ses forces; vraiment, si le père Martel y avait consenti, je crois que notre bon Jules aurait essayé de le porter sur ses larges épaules. C'était plaisir à les voir cheminer ensemble avec leurs deux figures rayonnantes, l'un de reconnaissance, l'autre d'une joie intime. A l'instant cette pensée traversa mon esprit : Oh ! quel acte de charité mon écolier a fait là ! S'il persiste dans ces dispositions, il ira loin ! Ce n'est pas tout. Après avoir serré chaudement la main à l'un et à l'autre, je les suivis des yeux encore quelques moments, jusqu'à la maison du père Martel. Puis, juste quand le maçon allait entrer chez lui, je vis Legrain fouiller dans sa poche et glisser je ne sais quoi dans la main du compagnon. Quand je dis je ne sais quoi, je le devine : c'était sans doute une petite pièce de monnaie que son père lui avait donnée pour s'acheter une bagatelle. Il y avait donc là un mérite d'autant plus grand qu'il était caché, car, très certainement, le brave garçon ne se doutait pas que je voyais sa bonne action.

Voici le revers de la médaille :
Un autre de vos camarades, que je ne veux pas nommer, fut un jour aperçu par moi, juché dans un pommier, dont il croquait les fruits déjà mûrs, quoique ce fût dans le verger d'autrui. En me voyant paraître tout à coup, sa honte et sa frayeur furent grandes, car enfin il commettait là un vol contre lequel le garde champêtre aurait pu verbaliser, s'il l'avait pris sur le fait.

Ce dernier acte, vous tous qui êtes ici présents et même vous qui l'avez commis, vous le proclamez *mauvais*. Qui vous le révèle ? Votre conscience morale. A vos yeux comme aux miens, Jules Legrain *a mérité* et l'autre... celui que je ne veux pas nommer, vous savez, *a démérité*.

Le bien moral ne s'impose donc pas toujours à notre conscience avec le caractère d'une obligation rigoureuse ou d'une loi qu'on ne peut violer sans devenir coupable. Il en est autrement du mal moral. Les deux exemples que je viens de citer vous le prouvent, l'un sous la forme d'une bonne action, l'autre, d'une mauvaise. La première n'était pas strictement obligatoire. Mais l'enfant qui dérobait des pommes dans un arbre commettait décidément un vol, et sa conscience intime, j'en suis convaincu, le lui reprochait.

De sa part, l'action obligatoire eût précisément consisté à ne point céder à la tentation de ce vol pour satisfaire sa gourmandise. Voilà le fait bien caractérisé.

Mais Jules Legrain, lui, était-il obligé de glisser dans la main de Martel sa petite pièce de monnaie? Évidemment non. Et si Jules avait omis l'une et l'autre de ses deux bonnes actions, personne n'aurait pu lui en faire un reproche.

Quelle conclusion pouvons-nous tirer de là? Ces actions appelées *bonnes* ou quelquefois *belles*, à raison de leur caractère plus élevé, correspondent à un modèle, à un certain idéal qui se réfléchit comme en un miroir pur au fond de notre conscience. Ainsi l'acte de Jules Legrain était un véritable acte de charité chrétienne.

Il y a donc de bonnes actions non obligatoires, qui s'élèvent parfois au-dessus du niveau ordinaire, et peuvent devenir de *belles* actions, ou même des actions *héroïques*. Les unes ou les autres n'emportent souvent l'idée d'aucune récompense ici-bas : tels sont les actes de sacrifice et de dévouement. L'homme qui expose sa vie pour sauver son semblable ne songe guère à être récompensé, s'il revient sain et sauf de sa périlleuse entreprise. Il attend de Dieu seul cette récompense. La vie de Duguesclin, de Jeanne d'Arc, du chevalier d'Assas, de saint Vincent de Paul, de l'évêque de Marseille, Belzunce, se dévouant sans cesse pour sauver la patrie, pour l'humanité ou pour servir leurs concitoyens dans une épidémie, nous offre autant d'exemples d'actions *héroïques* et pourtant nullement obligatoires. Nous n'en éprouvons qu'une plus vive satisfaction, quand nous en apprenons les détails. Nous en sommes fiers comme si nous y avions contribué. Pourquoi? C'est qu'elles répondent à un certain idéal de perfection morale, dont nous avons une perception parfaitement précise, et dont nous plaçons la cause au-dessus de l'humanité.

Lorsque, dans la vie, nous approchons d'une personne qu'on nous représente comme parfaite, et que nous venons à l'observer de près, nous finissons invariablement par découvrir en cet homme ou en cette femme certaines imperfections, certains défauts que nous ne leur soupçonnions pas. Et remarquez, mes amis, que ce que je dis là s'applique à chacun de nous en particulier, à vous, à moi, à tout le monde. Eh bien, malgré ce que j'appellerai nos mécomptes moraux, notre idéal de la perfection persiste à se maintenir dans notre esprit. Nous l'entrevoyons toujours : seulement nous ne manquons pas de dire en même temps dans le secret de notre conscience : « ah! c'est que l'homme n'est pas impeccable, la nature humaine est toujours imparfaite, faillible! »

D'autre part, si, à l'obligation de pratiquer le bien,

de fuir le mal, il se rattache l'idée d'une récompense opposée à celle d'un châtiment, il n'en est plus de même pour le bien non obligatoire, ou du moins l'idée d'une récompense ne s'en détache pas aussi distinctement. En revanche, celle d'éloges mérités par ces bonnes actions non obligatoires est tellement distincte en nous que personne ne songerait à en nier la vérité, et que nous lui attribuons encore la notion de beauté, parfois même d'une beauté surhumaine.

Voilà qui est fort étrange assurément. Au dedans de nous, autour de nous, rien de parfait, tout au contraire ; et pourtant nous persistons à croire en une perfection morale réalisée quelque part, perfection à laquelle l'homme aspire presque malgré lui. D'où vient cet idéal persistant pour le bien non obligatoire comme pour le bien obligatoire ? Il ne peut s'expliquer que par l'existence d'un Être supérieur à nous. Autrement, comment une pareille idée se révèlerait-elle chez des êtres imparfaits, en vertu de leur propre nature ? Le moins ne peut produire le plus ; un type parfait sortir d'une nature imparfaite.

Nous sommes donc déjà autorisés à affirmer qu'il existe un Dieu et que cet idéal de la perfection morale émane de lui. Lui seul est parfait, et le type dont je parle est comme le reflet de cette perfection suprême dont notre âme est illuminée. Oui, nous la voyons cette perfection, nous y aspirons toujours sans pouvoir jamais y atteindre ; mais la vision seule suffit pour nous élever au-dessus de nous-mêmes. S'il n'en était ainsi, notre moralité humaine si défectueuse, si boiteuse, pourrait-on dire, deviendrait notre règle suprême. Quelles en seraient les conséquences, nous ne le savons que trop ! Les nations païennes de l'antiquité, les nations chrétiennes dégénérées nous ont prouvé à satiété jusqu'à quels abaissements peut descendre la morale humaine! Aussi le dévouement, l'héroïsme, l'amour de la patrie disparaissent-ils rapidement au milieu de ces abaissements, comme si l'homme ne pouvait plus se rattacher à un principe supérieur quelconque. De fait, comment subsisteraient-ils, ces nobles sentiments, dans la défaillance générale ? Le plus souvent on les taxerait de folie !

Au fond, mes amis, ce résultat n'a rien qui doive nous étonner. Et pourtant, à considérer de près les bonnes actions non obligatoires, on finit par s'apercevoir qu'elles méritent une récompense, mais que cette récompense doit dépendre d'un être supérieur, seul juge réel du vrai bien et du vrai beau.

L'autre jour je vous montrais l'homme de bien souvent méconnu, calomnié. Rien n'est plus vrai et j'aime à remettre cette pensée sous vos yeux. Oui, le juste est fréquemment méprisé ici-bas, sans compter que beaucoup d'actions, excellentes en elles-mêmes, sont parfaitement ignorées des autres hommes. N'oublions jamais ce fait, et nous nous épargnerons la honte de mal juger des vertus simples et modestes, malheureusement, hélas ! au-dessus de notre portée.

Un dernier mot pour conclure : ne cherchons pas exclusivement l'estime des hommes ; ce serait nous appuyer sur une morale très imparfaite, quelquefois même sur un roseau : ni les éloges, ni le blâme des autres, ni le témoignage de la conscience individuelle ne constituent le véritable fondement des bonnes actions et ne les rendent réellement louables.

Non, nous devons nécessairement remonter plus haut et dire avec un écrivain que je lisais ces jours derniers : « Si les bonnes actions sont louables par essence, c'est qu'il existe un *témoin* qui les voit toutes et qui leur confère le degré d'approbation qu'elles méritent. Ce témoin universel est en même temps un témoin parfaitement juste, c'est Dieu. Les bonnes actions sont approuvées par Dieu, elles plaisent à Dieu. Celui qui fait ces actions, à cause de leur beauté intrinsèque, les fait implicitement pour être agréable à ce témoin invisible et incorruptible. Ainsi, tout dans le monde nous ramène à la pensée de l'Être suprême. C'est donc à Dieu que conduit, c'est vers Dieu que remonte toute la morale (1). »

QUESTIONNAIRE. — A côté du bien obligatoire, n'en existe-t-il pas d'une autre espèce ? — A quoi sont conformes, dans notre raison, les actions nommées bonnes et belles ? — Que méritent essentiellement ces actions ? — Obtiennent-elles toujours les éloges des hommes ? — Si elles ne les obtiennent pas, que suppose implicitement leur existence ? — Qu'entendez-vous par un type idéal et, dans le cas actuel, quel est ce type ou modèle ? — Que suppose donc l'approbation et la récompense que mérite le bien non obligatoire ?

Nous exhortons fortement les instituteurs à faire faire sur ce grave sujet des rédactions sérieusement étudiées, et à donner aux élèves toutes les explications nécessaires, comme à rectifier avec soin toutes les erreurs de ces devoirs.

(1) *Instruction morale*, p. 81, par M. l'abbé de Broglie.

DE L'EXISTENCE DE DIEU

I

Mes chers enfants, dit M. Bernard en s'asseyant dans son fauteuil, nous voilà parvenus à l'une des parties les plus belles de notre petit cours de Morale. Dans tout ce que nous avons vu jusqu'à présent, soit sur la nature humaine, soit sur la morale théorique, nous avons toujours été amenés à reconnaître l'existence et la nécessité d'une *Cause* supérieure à l'homme, d'une cause en laquelle résidaient les fondements de la Morale absolue; d'une cause que le genre humain a, partout et dans tous les temps, reconnue. Nous pourrions peut-être nous arrêter là et accepter comme démontrée l'existence de cette cause suprême. Il nous faut cependant l'étudier de plus près : premièrement, parce que le sujet même nous y invite; ensuite, parce que, de nos jours, il est une école qui bannit de la Société l'idée de Dieu, et fait tous ses efforts pour en anéantir la croyance et le culte. Or, comme à la fin de votre éducation primaire, vous pourrez rencontrer des hommes animés de cette pensée funeste, il est bon que vous soyez mis en garde contre leurs idées et munis d'arguments pour leur répondre. Et d'ailleurs, en étudiant cette question, nous trouverons sur notre chemin les faits les plus intéressants sur l'organisation de l'Univers et des êtres qu'il renferme.

Un fait me frappe d'abord : n'importe où nous portons nos regards, nous rencontrons dans le monde : 1° des choses qui commencent, d'autres qui finissent et qui paraissent incompréhensibles, si l'on ne remonte à la cause première; 2° des choses qui servent à en préparer d'autres. Ainsi, dans une solitude montagneuse où règne le silence le plus absolu, soudain le sol s'ébranle, il commence à s'élever, il s'en échappe des vapeurs épaisses. A la place du silence éclate un bruit effroyable, et bientôt, là où nous avions devant nous un terrain uni, se montre un volcan en pleine activité. Ce phénomène a eu lieu notamment, à la fin du siècle dernier, dans les Cordillères de l'Amérique septentrionale, et deux savants célèbres, MM. de Humboldt et Bonpland, en ont décrit tous les détails qui se déroulaient sous leurs yeux.

Je vous cite ce fait extraordinaire parce qu'il est très connu. Il serait facile de vous l'expliquer si cela ne nous menait trop loin. Et d'ailleurs la même question se représenterait en face de n'importe quel autre, petit ou grand, dont nous ignorerions la cause. En voulez-vous la preuve?

Voici ma montre: elle marche; l'aiguille des heures et l'aiguille des minutes remplissent parfaitement leurs fonctions. J'ai même là une petite aiguille nommée *trotteur*, qui, en effet, trotte, trotte toujours, comme si elle avait peur de ne pas arriver à temps pour marquer ses soixante secondes en une minute.

Que de fois vous m'avez demandé de regarder mon petit *trotteur*, et avec quel plaisir vous suiviez sur le cadran ce que j'appellerai mon *Trotte menu*, comme le lapin du bon *La Fontaine!*

Eh bien, si l'on vous disait : cette montre s'est faite toute seule, ces aiguilles se sont mises en mouvement toutes seules; cette idée bizarre vous ferait sourire, n'est-ce pas? Mais alors revient notre question : — Quelle est la cause de ces mouvements si réguliers? Qui a fait ce merveilleux petit instrument? C'est un horloger, dites-vous tous à l'unisson, et encore un horloger habile, parce que ma montre marche presque toujours d'accord, sans se déranger, avec la grande horloge de notre église. Eh oui, nous voilà ramenés à la cause.

Je vous ai dit aussi qu'il y a des choses qui finissent. L'homme ne meurt-il pas? Des forêts, des lacs ne disparaissent-ils pas pour être remplacés, tantôt par des montagnes, tantôt par de vastes plaines, et, lorsque ces phénomènes se produisent, nous nous demandons invariablement quelle en est la cause. Quelqu'un dira peut-être : C'est la Nature. Mais qu'est-ce que la Nature? C'est l'ensemble des faits extérieurs et des êtres créés qui sont autour de nous. Reste toujours la question : qui a créé ces êtres, qui leur a imposé ces lois immuables? Evidemment une cause suprême bien supérieure à la Nature.

Je vous ai dit, en troisième lieu, que dans le monde certaines choses servent à en préparer d'autres. Voici un œuf tout nouvellement pondu par la poule. Dans cet œuf, il y a un germe, vivant d'une vie particulière, et que sa mère va développer en le couvant pendant vingt et un jours. Durant ces trois semaines, il s'opérera des transformations étonnantes. Dans cet embryon de poulet, se formeront successivement tous les organes nécessaires à sa vie, et quand les vingt-et-un jours seront écoulés, le poulet, perçant de son bec l'écaille de l'œuf, n'aura plus qu'à grandir à l'air libre, sous l'œil de sa mère. Ici donc, nous avons un être produit par un autre être, et dont la place est marquée dans le monde, où tout s'enchaîne avec un ordre parfait. Car ce n'est pas là un fait isolé : à mesure que l'on s'élève dans l'échelle des êtres organisés, on les rencontre partout, se reproduisant les uns les autres; tous obéissant à une cause ordonnatrice et intelligente, qui n'est autre que DIEU.

Au reste, les traces de l'ordre se retrouvent partout sous notre regard. Avez-vous jamais remarqué la régularité avec laquelle les saisons nous arrivent successivement, sans jamais se tromper, sans jamais varier? Selon la position de la terre vis-à-vis du soleil, nous avons tour à tour l'hiver, le printemps, l'été, l'automne, et chacune de ces saisons dure trois mois. Puis, au bout de 365 jours 6 heures et quelques minutes, que nous appelons une *année*, la Terre a fini sa course. Elle la recommence sur-le-champ, en évoluant ou tournant autour du Soleil. Et voilà des milliers et des milliers d'années que cela se renouvelle, sans que jamais la Terre se soit trompée de jour, sans s'écarter le moins du monde de l'ellipse que nous appelons son orbite! Quelle merveille! Et comment ce grand effet n'aurait-il pas une cause?

Autre chose. Dans ce beau ciel que nous aimons à regarder par une nuit splendide, nous apercevons, même à l'œil nu, des multitudes de planètes et d'astres. Ils tournent, eux aussi, autour d'autres soleils, formant autant de centres et obéissant aux mêmes lois ordonnatrices depuis des temps que personne jusqu'ici n'a pu exactement compter. Quand on y pense, il y a vraiment de quoi se confondre ! Et tout cela serait l'œuvre du hasard !

Remarquons en outre qu'ici nous sommes dans l'ordre purement matériel, dans le monde inerte, brut, privé de toute vie animée, et pourtant déjà quelles merveilles, encore une fois !

Ce monde brut, inerte, inanimé, ai-je dit, obéit à des lois immuables, posées par une intelligence ou cause suprême. Mais certains êtres, comme les animaux et les plantes, ont évidemment fait partie d'autres êtres semblables à eux ; puis, à une certaine époque, ils en ont été séparés sous la forme de graines, de boutures, de germes, d'œufs ou de petits individus vivants et pareils à leurs parents. Voilà le bœuf, le cheval, le chien, le chat, le mouton, le loup, le lièvre et enfin l'homme lui-même ; tous proviennent d'êtres qui leur ressemblent. Vous autres, mes chers enfants, vous ressemblez plus ou moins à vos pères et mères, et, suivant les diverses races humaines, nous retrouvons toujours ce caractère de ressemblance héréditaire dans les êtres qui naissent ; l'existence de tous est due à cette faculté qu'ils ont reçue de reproduire leur espèce, de l'engendrer, comme on dit. Ce caractère-là est fondamental chez les animaux et les végétaux.

Est-ce que le même fait se représente dans les êtres privés de vie ? Non, jamais. Les pierres, les sels, l'eau, sont-ils produits de la même manière ? Non. Ils peuvent être formés, créés, pour ainsi dire, dans certaines circonstances déterminées, quelquefois même par la volonté humaine. Ils n'ont jamais fait partie d'individus semblables à eux; leur existence, sous une forme déterminée d'avance, semble dépendre de circonstances accidentelles qui rapprochent leurs parties constituantes. On dirait qu'ils obéissent à une sorte d'*attraction;* en un mot, ils ont été *formés*, non *créés*, non engendrés.

De là résulte une grande division entre ce qu'on appelle la nature ORGANIQUE et la nature NON ORGANIQUE. Je vais tâcher, avant de finir cette leçon, de vous le faire mieux comprendre encore.

Quand les animaux et les végétaux augmentent de grosseur ou de volume, ils ne font réellement que se développer. Quelle que soit leur petitesse, en les examinant avec soin, nous les voyons déjà créés avec toutes leurs parties, qui n'ont plus qu'à s'étendre, à se dérouler. L'embryon du chêne qui sort de son gland offre déjà les éléments de racine, de tronc, de branches qui, en se développant, deviendront peut-être un arbre gigantesque, destiné à provoquer l'admiration de nos arrière-neveux. Ils s'accroissent donc en développant ce qui était enveloppé. Cet épanouissement de leurs parties s'opère du dedans au dehors. Les matières extérieures qu'ils reçoivent pour se nourrir, pour augmenter leur volume, sont introduites d'abord à l'intérieur et se reportent ensuite au dehors : ce fait-là est universel, et se vérifie chez l'homme, comme chez tous les êtres organisés. Quand vous mangez des aliments, vous les introduisez dans votre estomac par votre bouche ; et, une fois dans votre estomac, ces aliments renouvellent et développent réellement votre substance.

Que voyons-nous, au contraire, dans les sels, les pierres et beaucoup d'autres corps? Ils augmentent de la même façon qu'ils sont produits : leur masse s'accroît de la même façon qui a rapproché d'abord leurs parties élémentaires, c'est-à-dire que leur accroissement de volume s'opère constamment en dehors, par de nouvelles parties venant se fixer sur les premières qui leur servent de noyau ou de centre. Nous avons là, dans notre musée pédagogique, un spécimen de cristal de roche, qui vous fera mieux comprendre ce que je veux vous dire.

Voyez comme toutes ses formes sont régulièrement géométriques et comme chaque petit cristal superposé au bloc principal est absolument semblable à ce bloc. Tout cela est rangé, placé avec un art merveilleusement symétrique. Eh bien, ce cristal a d'abord été à l'état fluide ou coulant, comme un gaz, comme l'eau. Le *cristal* est en effet la forme régulière que prend la matière inerte lorsqu'elle cesse d'être fluide, qu'elle est en repos et que ses particules peuvent s'arranger symétriquement pour se transformer en corps solide. Vous savez, mes amis, ce qu'on entend par la grande loi de l'attraction; or, d'après cette loi, les corps destinés à devenir des cristaux peuvent tous prendre des formes particulières, qui paraissent dépendre de la nature de leurs éléments et de la figure propre à chacun d'eux. Beaucoup de corps se forment de cette façon, mais toujours du dehors ; entre autres : la neige, le sel, l'alun, le sucre, etc. Ils affectent un très grand nombre de figures différentes.

Je m'arrête ici, me gardant d'entrer plus avant dans ce sujet que nous retrouverons plus tard dans nos petites études sur la physique et la chimie élémentaire.

Maintenant, allez vous amuser.

QUESTIONNAIRE. — Dans le monde, quels sont les deux ordres de choses qui frappent nos regards? — Citez un exemple célèbre comme preuve de choses qui finissent et d'autres qui commencent. (Les volcans.) — Quelle idée amène inévitablement dans l'esprit la vue de pareils phénomènes? (La cause.) — Quelle pensée suggère tout de suite la vue du mécanisme ingénieux de la montre? — Citez des exemples de choses qui finissent. — Quelle pensée naît inévitablement en voyant finir ces choses? — N'y a-t-il point aussi des choses qui servent à en préparer d'autres? Donnez-en un exemple? (L'œuf.) — A quelles lois obéissent, dans leur reproduction, tous les êtres organisés? (Le développement du dedans au dehors.) — Que produit dans notre esprit l'examen de l'univers qui nous entoure? — A quelle idée donne lieu à son tour la constatation de ces lois immuables? (A l'idée de Dieu.) — Citez un exemple de la régularité de ces lois. — Dans une belle nuit, qu'est-ce que notre œil découvre dans le ciel et quelles réflexions fait naître ce spectacle? — Quelle est la loi de formation des êtres inanimés ou inertes? — Comment se développent les êtres organisés et les êtres inorganiques?

CONTINUATION DU MÊME SUJET

1° LES OISEAUX

Aujourd'hui, nous allons trouver les preuves de l'existence d'une Cause suprême et ordonnatrice successivement chez les oiseaux qui volent dans les airs, et chez les poissons qui nagent dans les eaux. Ces sujets d'étude vous seront agréables et faciles à comprendre. J'ajoute que dans leur organisation, dans leur adaptation à leur manière de vivre, ces humbles produits de la création nous révèlent une sagesse et une puissance non moins grandes que les astres dont nous parlions l'autre jour. Commençons par les oiseaux.

Voyez d'abord leurs ailes : Elles sont convexes ou

bombées en dessus, concaves ou creuses en dessous. Pourquoi cette structure? C'est que leurs ailes sont des rames taillées en vue de l'élément que les oiseaux sont destinés à fendre. A la lettre, les ailes s'appuient sur l'air aussi solidement qu'un bateau s'appuie sur l'eau. Regardez encore la queue de n'importe quel oiseau. C'est un merveilleux gouvernail, destiné à maintenir l'équilibre du vol, soit que l'oiseau monte rapidement aux plus grandes hauteurs, soit qu'il se précipite dans les régions inférieures. Les autres parties de son corps ne sont pas moins dignes de notre attention et de notre admiration.

Il m'est arrivé plus d'une fois de conduire plusieurs d'entre vous visiter notre Muséum de Bar-le-Duc, où se trouve une belle collection d'oiseaux. Ceux-là comprendront mieux ce que je vais vous dire, car ils se rappelleront ce qu'ils ont déjà vu. La poitrine de la plupart des animaux est couverte d'un certain nombre de muscles destinés à faciliter les mouvements et à conserver la souplesse de cet organe important. Eh bien, chez l'oiseau, ces muscles pectoraux, comme on les appelle (du latin *pectus*, poitrine) sont beaucoup plus forts que chez les autres animaux, pour mieux soutenir les ailes dont le volume est considérable, mais dont la masse est légère, juste en proportion du volume et du poids de l'oiseau.

Autre disposition non moins admirable. Les os des oiseaux qui s'élèvent le plus haut dans les airs, comme l'aigle, le vautour, sont minces, creux et dépourvus de moelle. Les poumons sont vastes, ce qui contribue à donner à l'animal plus de légèreté. Or, le sang qui se trouve dans la poitrine circule avec plus d'activité qu'ailleurs, ce qui donne au sang de l'oiseau une plus grande chaleur et lui permet de traverser impunément les contrées glacées et les hauteurs les plus froides de l'atmosphère.

Enfin l'œil de l'oiseau est construit de manière à changer de forme avec une facilité vraiment prodigieuse, selon la distance de l'objet vers lequel il veut se diriger. Aussi, peut-il exécuter deux opérations qui semblent absolument contradictoires? Veut-il voir un objet de très loin? rien ne l'en empêche. Veut-il, au contraire, le voir de très près? rien ne s'y oppose. Ces observations générales pourraient varier suivant chaque climat, chaque genre et chaque espèce. Mais, voyez déjà quel ordre admirable ressort de cet ensemble; quelle intelligence infinie, quelle perspicacité, quelle exactitude ont dû présider à la structure et à l'organisation de l'oiseau ! Et cela se serait fait tout seul ! Et tous ces effets divers n'auraient que des causes partielles, ne se rattachant point à une cause unique, à une intelligence suprême, *cause* première de toutes ces créations magnifiques que nous appelons des oiseaux ! Pour moi, je ne le croirai jamais.

2° LES POISSONS

Passons maintenant aux habitants des eaux, aux poissons; nous trouverons encore là un monde de merveilles. Avez-vous jamais remarqué la conformation d'un poisson? Son corps est effilé, mince, aplati sur les côtés et presque toujours comme aiguisé du côté de la tête. Pourquoi cette singulière conformation? C'est pour mieux lui permettre de fendre les eaux et de nager avec une agilité que j'appellerai volontiers fantastique.

Vous me demandez, mes chers enfants, à quoi servent les écailles, en apparence si faibles, en réalité si fortes ? C'est comme une cuirasse à mailles serrées qui défend le corps du poisson contre la pression de l'eau, laquelle risquerait de l'écraser. Maintenant, voici autre chose. Quelle singulière construction que celle des os du poisson, auxquels nous donnons le nom d'*arêtes !* Cette structure a pour but spécial de rendre son corps plus souple et de lui donner ainsi une agilité indispensable. Puis, pour membres, nous ne trouvons que des nageoires, variant selon l'espèce, et toujours en parfaite harmonie avec le genre de vie que chacun doit mener au sein des eaux. Ces nageoires suffisent donc pour tous les mouvements. N'oublions pas la queue, véritable gouvernail.

D'abord, remarquons que les animaux destinés à vivre constamment dans l'eau n'ont pas, comme nous-mêmes, un cœur et des poumons, mais ils sont munis de vaisseaux et d'appareils, d'organes particuliers, en un mot, en forme de lames ou de feuillets, où le sang est exposé à l'action de l'eau environnante, chargée elle-même d'air que l'animal respire, grâce à cet appareil qu'on appelle des *branchies* ou, en langage vulgaire, des *ouïes.* Vous avez souvent pu remarquer, mes enfants, qu'en nageant, les poissons soulèvent et abaissent alternativement leurs ouïes : ce mouvement alternatif n'est autre chose que celui de la respiration ; absolument comme l'homme aspire l'air extérieur et le renvoie par la bouche et les narines, quand cet air aspiré a rempli ses fonctions dans l'intérieur de notre corps. Chez les poissons, à la surface de ces lames aux feuillets membraneux que nous nommons branchies, l'eau agit en dehors sur les vaisseaux qui s'y ramifient à l'infini, et donnent ainsi lieu à une respiration régulière.

Il serait inutile de vous demander, mes chers amis, si vous m'avez écouté avec attention : je le lis dans vos yeux et j'en trouve encore la preuve dans le silence profond que vous avez gardé pendant mon exposé ! Eh bien, maintenant, si quelqu'un venait vous dire : les poissons se sont faits tout seuls ; aucune cause n'a présidé à leur création, vous éclateriez probablement de rire et vous auriez mille fois raison.

Quand j'ai commencé cette partie de notre petit traité de morale, j'avais la ferme intention, après vous avoir parlé de l'organisation des animaux, d'entrer dans quelques détails sur celle des végétaux. Le sujet est si attrayant : comment les plantes germent, comment elles croissent, comment la sève remplaçant le sang des animaux pénètre jusqu'aux dernières fibres de l'arbre et redescend ensuite, après s'être renouvelée par l'absorption de l'eau, de l'air, de la lumière ; comment se développent et la fleur et le fruit ; comment enfin ces divers phénomènes sont dominés, régis par les mêmes lois immuables, par la même cause première que nous appelons Dieu. Il y avait là, assurément, de nombreux sujets d'entretien où vous auriez trouvé plaisir et profit. Mais en y réfléchissant, j'ai pensé qu'ils trouveraient mieux leur place dans notre cours de Botanique. Et pourtant j'y renonce à regret.

Néanmoins il existe d'autres preuves d'un caractère plus élevé, et qui ne se fondent que sur notre expérience quotidienne. Cette seconde classe de preuves, nous la trouvons dans notre raison. Malgré nous, nous sommes forcés d'admettre, quand nous y réfléchissons sérieusement, un Être nécessaire. Quelque chose a existé de toute éternité ; cela nous paraît clair, évident : autrement il faudrait dire que l'Univers et les êtres se sont créés d'eux-mêmes.

Supposons une succession infinie d'êtres dépendant les uns des autres : des animaux, des végétaux, des globes semblables à notre terre, auxquels on ne pourrait assigner aucune cause. L'idée seule nous paraît absurde. On aura beau tourner et retourner la question de toutes les façons, notre raison arrive toujours à nous dire : Il y a un *Être nécessaire, immuable, indépendant, qui a existé de toute éternité.*

De plus, nous avons en nous cette autre idée, que l'Être immuable, éternel, Dieu, en un mot, est *infini*. Or, dit Descartes, grand philosophe français du dix-septième siècle :

« Je trouve en moi l'idée d'un Être souverainement parfait et infini. D'où me vient cette idée? Elle ne peut venir de moi, qui suis un être fini. L'idée même de l'infini doit donc avoir pour cause un être infini. »

A quoi il ajoute :

« J'existe. Or, je ne puis tenir mon existence de moi-même. Ceux qui m'ont donné la vie l'ont reçue comme moi. Je suis donc forcé de remonter à un premier Être qui ne tienne l'existence que de lui-même, Être éternel, infini, parfait. »

Parfait! Voici une autre preuve tirée aussi de notre raison : c'est que cet Être infini doit être *parfait*. Quand nous prononçons ce mot de *perfection*, nous n'en cherchons certes pas l'origine en nous. Vous qui êtes ici devant moi, et moi qui suis votre maître, est-ce que nous pouvons appliquer à nous-mêmes l'idée de perfection? A qui songeons-nous à l'appliquer? A la Cause suprême, à Dieu, à l'Infini. Donc, cette Cause existe et cette existence découle nécessairement de l'essence divine, absolument comme les propriétés du triangle sont dans la nature du triangle lui-même.

Nous n'en avons pas fini avec les preuves de l'existence de Dieu. Ces dernières preuves-là sont toutes morales, parce qu'elles se composent de faits empruntés au monde moral. Nous en avons déjà vu un certain nombre; aussi ne veux-je en faire que le résumé. D'abord, 1° c'est le consentement unanime des peuples à reconnaître l'existence de Dieu; 2° le besoin que l'homme, dans le malheur, éprouve d'invoquer un Père tout-puissant, arbitre de ses destinées; 3° la disposition de notre âme à concevoir une Justice suprême qui répare les maux et les désordres de cette vie. Enfin viennent d'autres arguments moraux : tels que le remords et la crainte, qui s'attachent au cœur du coupable lorsqu'il est même sûr d'avoir échappé ici-bas au châtiment de ses crimes.

QUESTIONNAIRE. — Que nous montre l'organisation des oiseaux et des poissons en ce qui regarde l'existence d'une cause première?

1° Les oiseaux. — Comment leurs ailes sont-elles conformées et pourquoi cette structure particulière? — Sur quoi s'appuie l'oiseau quand il vole? — Cet appui est-il solide et à quoi pourrait-on le comparer? — A quoi sert la queue des oiseaux? — Quelle est l'organisation particulière de la poitrine des oiseaux? — Qu'y a-t-il de particulier dans les os des oiseaux destinés à s'élever le plus haut dans les airs? — Chez l'oiseau, comment est conformé l'œil? — L'organisation générale de ces animaux peut-elle être attribuée au hasard?

2° Les poissons. — Donner des détails sur la forme générale des poissons, et dire quelle en est l'utilité pour leur existence (tête, nageoires, forme effilée du corps, queue, écailles, arêtes).

— Dire la raison de ces diverses conformations. — Comment les poissons respirent-ils ? — Comment s'appellent les organes de la respiration et de quelle façon fonctionnent-ils dans l'eau ? — Les poissons se sont-ils faits tout seuls ?

II

NATURE DE DIEU

Ceux de mes lecteurs qui ont lu notre INSTRUCTION CIVIQUE, se rappellent peut-être que parmi les écoliers de M. Bernard, il s'en trouvait un portant le nom de Louis Lebrun, et dont les questions ne tarissaient pas, lorsqu'il désirait savoir le pourquoi d'une chose. Le jeune Louis avait un grand-père avec lequel il s'entretenait souvent, et dont les connaissances lui permettaient d'apprendre ainsi beaucoup, sans être assujetti à des leçons formelles. Le vieillard se prêtait volontiers à ces entretiens. M. Lebrun jouissait d'ailleurs dans le bourg d'une certaine position un peu supérieure à celle des autres habitants. Ceux-ci ressentaient donc pour lui un véritable respect, et ne l'appelaient jamais que MONSIEUR Lebrun.

Or, un soir que celui-ci était allé chercher son petit-fils à l'école, Louis, encore tout préoccupé de ce qu'il venait d'entendre dire à son instituteur sur l'existence de Dieu, s'empressa d'en faire part à son grand-père, qui ne répondit rien et parut absorbé dans ses réflexions.

Cette attitude frappa l'enfant, qui s'écria subitement :

« Grand-père, vous ne me dites rien, est-ce que vous seriez fâché contre moi ?

— Nullement, mon ami, seulement je songeais

comment, pour ton utilité particulière, nous pourrions continuer familièrement, toi et moi, la leçon de M. Bernard. Cela te va-t'il?

— Je le crois bien! dit le petit homme. Je suis si content quand nous pouvons causer ensemble!

— D'abord, une question, reprit M. Lebrun. Ton maître t'a-t-il parlé de la *Nature* et des *Attributs* de Dieu?

— Du tout. Il n'en a pas dit un mot. Grand-père, qu'est-ce que vous entendez par les attributs de Dieu?

— Ta demande est juste, Louis. Nous entendons par *Attributs* des manières d'être, des propriétés, des phénomènes ou manifestations, termes que nous appliquons d'ordinaire aux choses visibles, à des êtres finis, comme toi et moi; quelquefois à des êtres invisibles, comme la raison, l'intelligence, attributs ou facultés de l'homme ici-bas. J'ajoute que ces attributs sont finis et limités en lui, parce qu'il est, lui, d'une nature finie et imparfaite.

Mais, s'il en est ainsi, Dieu doit avoir aussi ses attributs, ses manières d'être ou sa *Nature*. Ces manières d'être doivent être infinies comme Lui. Et voilà précisément pourquoi nous avons de la peine à nous en faire une idée exacte; car, pour y arriver, nous sommes obligés de nous servir du langage humain, instrument nécessairement borné, imparfait comme notre esprit lui-même. Y es-tu? Me comprends-tu?

— Je crois que oui, grand-père, peut-être, néanmoins, comprendrai-je mieux plus tard.

— Et moi je ferai mon possible pour venir en aide à ton intelligence.

Quand on entreprend, mon cher Louis, de parler de la nature ou des attributs de Dieu, on se sent accablé de la grandeur du sujet et du mystère qui l'environne, et l'on serait véritablement tenté de tomber à genoux pour demander à ce Dieu de nous éclairer et de nous conduire par la main, dans une aussi difficile entreprise. C'est bien ce que je fais dans le fond de mon cœur, surtout quand je dois parler de ces choses à un jeune enfant dont l'esprit est encore peu formé. Toutefois je me rassure en songeant que notre Père se révèle aux petits et aux simples.

Quand on t'a donné des preuves de l'existence de Dieu, on t'a montré en même temps un des côtés de sa nature divine, c'est-à-dire de ses attributs. Dire que Dieu est infini, éternel, immuable, c'est affirmer un des côtés de son existence, qui nous rappelle même le mot de l'Écriture où le Créateur se définit : « Je suis celui qui est. »

Dieu est *infini*, et nous ne saurions le concevoir autrement, nous dont la nature est finie. Cette qualité s'applique à tous ses autres attributs. Il est *infiniment* tout ce qu'il est : infiniment puissant, infiniment juste et bon, infiniment parfait, en un mot.

Dieu est *un*. S'il y avait plusieurs Dieux, comment seraient-ils tous infinis? Ils se limiteraient l'un par l'autre, et dès qu'on les suppose limités, l'unité de la cause première disparaît.

Dieu est *éternel*, puisqu'il n'a ni commencement ni fin, puisqu'il est la cause première, puisque sans lui rien ne serait. Aussi ne peut-on dire qu'il a été, qu'il sera, mais simplement qu'*Il est*.

Dieu est *immuable* : Qu'entends-tu par là, mon Louis?

— Qu'il ne peut pas changer, grand-père.

— Très bien, mon fils. Mais dis-moi, crois-tu que toi, moi et tous les autres hommes, nous soyons immuables?

— Non, vraiment. Je grandirai comme tous les garçons de mon âge, je deviendrai un homme, à mon tour.

— Oui, tu as raison, et même tu peux changer d'une autre façon. Tu peux devenir malade, et *finir*. Or qu'est-ce qui produit la fin d'un être organisé? C'est la décomposition des parties qui le constituent; moi, par exemple, qui te parle et qui vieillis chaque jour, chaque jour aussi je sens mon corps s'affaiblir, mes organes ne plus remplir leurs fonctions comme autrefois, les infirmités me gagner de plus en plus et m'avertir que ma fin approche. Mais Dieu, lui, comment finirait-il, puisqu'il n'a point de corps matériel? Qu'en penses-tu?

Cette fois, le petit Louis ne répondit pas, et le vieillard, en le regardant, s'aperçut qu'il avait des larmes dans les yeux. Emu, le grand-père ouvrit ses bras et le petit-fils s'y précipita. Ils restèrent un moment étroitement embrassés. Cependant, bientôt M. Lebrun reprit : « En résumé, l'homme est un être borné, imparfait, variable, c'est-à-dire tout le contraire de ce que nous suggère l'idée de Dieu, qui, par là même qu'il est infini, est également immuable.

» Un autre attribut correspondant à ceux que je viens de t'indiquer, c'est l'*Immensité*. Dieu est partout, non pas dans un sens matériel, dans le sens de l'espace et du temps, mais dans un sens tout à fait immatériel, car pour Dieu, il n'y a ni espace ni temps.

» Les notions de figure, de divisibilité, de mouvement ne conviennent qu'à la matière et au corps.

Dieu n'est en aucun lieu, comme il n'est en aucun temps, car il n'a, par son être absolu et infini, aucun rapport aux lieux et au temps qui ne sont que des formes et des restrictions de l'Être. Demander s'il est au delà de l'Univers, s'il en surpasse les extrémités en longueur, en largeur, en profondeur, c'est faire une question aussi absurde que de demander s'il était avant que le monde fût, ou s'il sera encore après que le monde ne sera plus. »

Voilà comment parle Fénelon, l'auteur de *Télémaque*, comme tu sais, et il serait difficile de montrer en moins de mots l'Éternité et l'immensité de Dieu. Cependant, dans ce que dit ce grand homme, quelque chose peut t'embarrasser. Fénelon nous représente Dieu comme étant partout et nulle part à la fois; et, d'un autre côté, ton catéchisme te dit : Dieu est à la fois au ciel, sur la terre et en tous lieux. Comment concilier ces deux manières de parler? le voici. Fénelon est dans la rigoureuse vérité, et ton catéchisme a raison aussi de parler comme il le fait, parce qu'il se conforme à l'imperfection de notre langage et à la difficulté que nous éprouvons de concevoir l'infini, surtout quand il s'agit de parler à un âge aussi tendre que l'enfance.

Mais, mon ami, est-ce que je ne te fatigue pas? Est-ce que tous ces raisonnements ne te paraissent pas bien malaisés à comprendre? Veux-tu que nous nous arrêtions là pour aujourd'hui?

Louis. — Non, grand-père, je vous assure que cela m'intéresse beaucoup.

— Eh bien continuons, puisque tu es si plein de bonne volonté. Cette cause première, une, universelle, éternelle, infinie, immense, possède nécessairement tous ces attributs dans une perfection suprême; en un mot, Dieu est un être *parfait*. Que faut-il entendre par un être parfait? Celui qui possède d'une façon absolue toutes les qualités essentielles à sa nature, à sa destinée. Pour prendre un exemple palpable, l'eau du ruisseau qui coule là devant nos yeux est parfaite si elle est fraîche, si elle est pure, si elle est légère sur notre estomac : car fraîcheur, limpidité, légèreté, voilà les trois qualités d'une eau parfaite. Dieu est donc, encore une fois, la perfection infinie, puisqu'il renferme en lui les qualités essentielles de la nature divine.

Dans tout ce que je t'ai dit jusqu'ici, mon bien-aimé Louis, sur la nature et les attributs de Dieu, j'ai emprunté mes preuves exclusivement à ce que nous trouvons dans notre raison et dans notre intelligence; mais je suis loin d'avoir épuisé les attributs de notre Père céleste. Il en a d'autres, non moins éminents, non moins infinis, qui sont de l'ordre moral. Je te demande ici un redoublement d'attention.

Crois-tu que Dieu soit *intelligent?* Oui, car je lis dans tes yeux que ma question t'étonne. En voulons-nous une preuve directe? L'ordre qui éclate dans l'Univers nous révèle une intelligence suprême : je n'ai pas besoin d'insister là-dessus. L'ordre, en effet, est la raison visible. Une cause aveugle, privée de raison, ne prépare rien, n'arrange rien, ne choisit rien. D'autre part, si nous jetons les yeux sur les créatures intelligentes, sur l'homme, nous le voyons réfléchir mûrement avant d'entreprendre une chose importante. Or ne supposer aucune intelligence dans la cause qui a créé l'homme et l'a doué de raison, ce serait insensé. Autant vaudrait supposer que cette cause, soi-disant infinie, n'a pu le créer. D'ailleurs rappelle-toi ce que ton maître t'a déjà dit : que nous trouvons en nous-mêmes l'idée d'une intelligence infinie, éternelle, immuable : or comment cela arriverait-il si notre pauvre raison n'était autre chose qu'un rayon réfléchi de la raison divine ? Dieu est donc une intelligence.

Il se connaît lui-même. Il connaît les êtres créés, puisqu'il est leur auteur ; il connaît les vérités éternelles, leur ordre, leur enchaînement, puisqu'elles font partie de son essence.

Dieu possède *une puissance infinie*, et tu le comprendras plus facilement peut-être que ce qui précède, puisqu'il a tout créé ; tout dépend de lui, rien ne peut s'opposer à sa volonté, nulle créature ne peut s'y soustraire. Mais voici encore d'autres attributs divins que nous pouvons appeler plus particulièrement moraux, et sur lesquels nous devons toujours nous appuyer : la *Sagesse*, la *Bonté*, la *Justice*. Ils découlent de l'idée même d'un être parfait, et ils en sont inséparables. Aussi, ne veux-je pas insister davantage sur ce point, persuadé qu'il te suffit de descendre dans ton propre cœur pour être éclairé. Cependant, avant de nous séparer ce soir, laisse-moi te donner un petit conseil. Quand, avant de te coucher, tu feras ta prière, lorsque tu diras le *Pater*, arrête-toi quelques instants après chaque membre de phrase, et réfléchis aux paroles que tu viendras de prononcer. Si tu penses qu'elles nous ont été enseignées par Notre Seigneur lui-même, tu comprendras la *Sagesse*, la *Bonté*, la *Justice* de Dieu, et tu l'adoreras de toute ton âme.

Je crains de t'avoir bien fatigué, mon ami, par ce

long entretien : il est temps pour toi d'aller te reposer. Adieu donc jusqu'à demain. »

QUESTIONNAIRE. — Que faut-il entendre par les attributs de Dieu ? — Quelle impression produit sur l'homme l'étude de la nature ou des attributs de Dieu ? — Affirmer l'existence de Dieu, n'est-ce pas affirmer en même temps ses attributs ? — A quel degré de puissance faut-il toujours porter chacun de ces attributs ? — Énumérer les différents attributs divins et en donner la signification. — En combien de classes peut-on diviser ces attributs ? (Deux, celles tirées de l'ordre rationnel et celles tirées de l'ordre moral.) — Quelle différence existe-t-il entre la manière d'agir de Dieu et celle de l'homme, lorsque l'un ou l'autre usent d'un de leurs attributs ? — Quelle idée est comprise dans celle de la puissance divine ?

III

ACTION DE DIEU

Quelques jours après, M. Lebrun profita d'un bel après-midi pour emmener son petit-fils dans la campagne. Il voyait que Louis prenait un goût particulier à ces causeries intimes, où se formait et se développait à vue d'œil sa conscience morale. Le vieillard lui-même ressentait un vif intérêt à étudier de près tous les mouvements de cette âme candide qui révélait déjà une honnêteté parfaite. Puis il se disait tout bas : « Quand je m'endormirai dans le sommeil de la tombe, mon cher Louis gardera, j'espère, de nos entretiens un souvenir durable, qui lui épargnera peut-être dans le tourbillon de la vie plus d'une erreur. » Et même il ajoutait : « Mon Dieu, accordez-moi cette faveur. »

Or ce soir-là, le bon grand-père rappelant à son petit-fils leur précédente conversation, lui dit : « Tu connais maintenant les attributs de Dieu ; tu sais aussi qu'il a créé toute chose et qu'il gouverne la nature entière avec sagesse, avec bonté, avec justice ; en un mot que Dieu est *créateur* et maître souverain de ses œuvres pour les coordonner, les diriger vers le but qu'il lui plaît de leur assigner. Eh bien ! croirais-tu cependant qu'il s'est trouvé des gens assez téméraires pour lui refuser ce titre de *Créateur !*

Louis. — Est-ce possible, grand-père ?

M. Lebrun. — C'est comme je te le dis. Ils ont soutenu que Dieu est simplement le principe et la cause de l'ordre, mais non de la substance du monde, laquelle serait éternelle. Un Dieu pur esprit, une matière inerte ! Comment ces deux éternités pourraient-elles s'entendre pour créer et maintenir l'ordre ? L'idée seule n'est-elle pas absurde ?

Pour rassembler, coordonner, diriger cette matière inerte, inintelligente, il faut absolument une puissance supérieure à elle. Or cette puissance intelligente et souveraine, qui est-ce sinon Dieu ?

Mais il existe encore bien d'autres opinions plus ou moins bizarres sur l'origine de la création : je les passerai sous silence, me bornant à mentionner un seul système encore en vigueur de nos jours. Ce système se nomme le Panthéisme.

Selon ses partisans, tout *serait Dieu !* Le monde, avec les êtres matériels ou immatériels, le Grand Être, le Grand *Tout*, en un mot, l'ensemble de la création serait Dieu !

Louis. — Pour le coup, grand-père, je ne comprends pas du tout, et je crois que vous voulez rire de moi, car enfin, à ce compte-là, vous seriez Dieu, je serais Dieu et Castor lui-même serait Dieu ! Voilà qui est impossible.

M. Lebrun. — Je suis bien loin de vouloir rire en matière aussi sérieuse. Je t'affirme que des milliers d'hommes ont soutenu ce système dont ton simple bon sens t'a fait découvrir l'absurdité, et dont tu reconnaîtras bientôt aussi le danger, sur lequel tu as déjà mis le doigt sans t'en douter. Car enfin, si tout ce que nous voyons, comme tout ce que nous ne voyons pas, est Dieu, les criminels, les voleurs, les assassins, les scélérats de toute espèce font aussi partie de Dieu ; et voilà que Dieu devient criminel avec eux ! Mais s'il en est ainsi, pourquoi punir? Pourquoi des magistrats, pourquoi des lois contre des actes qui sont censés émaner de la divinité elle-même ! T'indiquer ces monstruosités et leurs conséquences suffira pour t'en faire comprendre le péril, lorsqu'elles s'adressent à des esprits ignorants. C'est pour cela surtout que je t'en ai parlé.

En dernière analyse, dire que Dieu est le monde, c'est dire qu'il n'existe pas. La seule manière d'expliquer son action sur la création, c'est celle qu'a reconnue le genre humain et avec lui le christianisme; d'après laquelle Dieu a créé tous les êtres par l'effet de sa volonté ! Assurément ce grand mystère de la *création* dépasse les bornes de notre intelligence; celle-ci est trop faible, trop imparfaite pour le comprendre parfaitement. Mais à propos de ce mot de création, les hommes ne l'appliquent-ils pas à leurs propres inventions? Toi-même ne me parlais-tu pas, l'autre jour, de *créer* un bateau? C'est construire qu'il faudrait dire, car ton action se borne à donner une certaine forme à une matière déjà existante. Aussi, quand nous employons ce mot « création » à une pareille transformation, nous employons un mot impropre. Dieu, au contraire; *créa* le Monde de rien.

Lui seul, l'Être parfait par excellence, peut créer en vertu de son éternité, de sa perfection absolue. C'est pourquoi nous ne pouvons ni ne devons lui appliquer les règles des êtres subalternes; c'est pourquoi encore nous ne saurions nous faire une idée exacte de son infinie puissance, ni la comparer aux moyens si limités dont nous disposons.

Dans tout ce que je viens de te dire, mon bon Louis, je me suis efforcé d'être aussi clair que possible; je crains pourtant de ne pas l'avoir été assez, car dans de si grandes choses, l'intelligence est impuissante à les atteindre, et sur ce point, nous sommes toi et moi au même niveau. Aussi quand il m'est arrivé de méditer sur cette question, je me suis souvent surpris à demander à notre Père céleste de m'éclairer lui-même. Je te conseille d'en faire autant avant de te coucher ce soir, mon enfant.

Cependant, tout en cheminant vers la maison, je veux te dire encore quelques mots d'une grande importance pratique. Nous ne pouvons nous figurer Dieu sans les divers attributs infinis que j'ai énumérés plus haut, pas plus que sans la volonté, de sa part, de conserver, de maintenir ses créatures dans l'ordre et la destinée qu'il leur a assignés. Oui, comme dit la Genèse : « Dieu sait et voit que ses œuvres sont bonnes. » Dès lors, il est tout simple que par sa toute-puissance, il ne cesse de les diriger vers le but qu'il s'est proposé : le Bien. Voilà pourquoi nous ne pouvons séparer de l'idée d'une cause suprême, l'idée d'un Maître suprême, dominant tout, gouvernant tout à la fois, par des règles ou lois générales, et par des mesures minutieuses, jusqu'aux infiniment petits.

QUESTIONNAIRE. — Dieu est-il toujours actif? — Où cette activité se manifeste-t-elle d'abord à nos yeux? — Dire que Dieu est actif, est-ce la même chose que de dire : Dieu est créateur? — Dieu est-il absolument le maître souverain de tous les êtres créés? — Y a-t-il eu des hommes qui aient nié l'action de Dieu? — Comment ont-ils défini cette action? — Faire ressortir l'absurdité de leur système. — Que faut-il entendre par le panthéisme? — D'où vient ce mot? — Démontrer l'absurdité et le danger pratique de cette doctrine. — Quelle est la vraie doctrine sur l'action de Dieu dans le monde et sur tous les êtres créés? — Cette doctrine est-elle parfaitement compréhensible pour l'homme? — Pourquoi ne l'est-elle pas? — Pourquoi ne pouvons-nous pas appliquer à Dieu les règles dont on se sert pour les êtres subalternes? — Quels sentiments faut-il avoir lorsque nous voulons expliquer l'action divine?

IV

LA DIVINE PROVIDENCE

A mesure que M. Lebrun arrivait aux dernières questions de morale théorique qu'il s'était proposé de traiter avec son petit-fils, il sentait plus que jamais la nécessité de les aborder d'une façon attrayante pour l'enfant, et de les graver profondément dans sa mémoire, en cachant pour ainsi dire des matières aussi abstraites sous des fleurs. Aussi profitait-il de toutes les occasions pour placer ses leçons au milieu de scènes, ou riantes, ou graves, qui pussent à la fois frapper le cœur et l'imagination : c'est ce qu'il fit un jour au moment de lui parler de la divine Providence.

Tout près de Beaumont-sur-Ayre, nos lecteurs le savent déjà (1), se trouve un vieux monastère en ruines, nommé Beaulieu, élevé sur une haute colline et dominant tous les environs. Un soir le vieillard, accompagné du jeune Louis, se dirigea vers ce lieu et les voilà gravissant, à qui mieux mieux, la pente rapide qui conduit à ces demeures d'un autre âge. Dans cette ascension pénible, M. Lebrun dut s'arrêter plus d'une fois pour reprendre haleine. Quant à son petit-fils, il manifestait un véritable débordement de joie à déployer sa souplesse et son agilité.

Lorsque les deux amis furent parvenus au sommet, un magnifique panorama se déroula tout autour d'eux. Des ogives d'un pur gothique, des flèches aux fines dentelures se dessinaient sur un ciel tout illuminé encore par les splendeurs du soleil couchant. Puis sur les pentes du coteau la vigne étalait ses pampres verdoyantes, tandis que, dans la plaine, de riches prairies s'étendaient à perte de vue. Plus loin, de sombres forêts, bleuies par les vapeurs du soir, se confondaient avec la voûte azurée, formant ainsi « un paysage fait à souhait pour le plaisir des yeux ».

Quand le jeune Louis se vit en face de ce spectacle, ses accents joyeux cessèrent tout à coup, et il parut absorbé dans un ravissement muet. M. Lebrun, enchanté de l'effet que cette belle nature produisait sur son petit-fils, se hâta de lui dire :

Mon enfant, nous voilà parvenus à une des parties les plus importantes de nos entretiens. Tout ce que tu

(1) Voyez notre *Instruction civique*.

as déjà entendu, soit de M. Bernard, soit de moi-même, sur la cause première, sur l'existence de Dieu, sur sa nature, sur son action dans l'univers; tout cela mène directement à la question qui doit nous occuper ce soir. Belle question assurément, et que je suis heureux de pouvoir traiter avec toi, en face de ce beau paysage qui s'étend sous nos yeux. Qu'en dis-tu, ne le trouves-tu pas superbe ?

Louis. — Certes, oui, grand-père, et pourtant jamais je ne l'avais remarqué autant qu'aujourd'hui.

M. Ledrux. — C'est fort possible, les enfants ont besoin d'apprendre à regarder comme à penser. Maintenant, asseyons-nous sur cette pierre ; nous y serons bien pour nous occuper de l'important sujet dont je dois te parler : *la Providence de Dieu.*

Que signifie ce mot, me demanderas-tu peut-être? Il signifie à la fois *prévoir* et *pourvoir,* d'après le mot latin *providere.* En effet, notre père céleste voit d'avance, c'est-à-dire prévoit ce qui doit arriver, et il dispose tout, pourvoit à tout pour notre bien. C'est là ce qu'on appelle la *providence particulière* ou *spéciale.* Nous en ressentons les effets, mais nous ne sommes pas toujours en état d'en comprendre la cause.

J'ai bien peur, en te parlant ainsi, de te paraître inintelligible.

Dans l'enfance, bien des choses nous échappent, parce qu'elles sont au-dessus de notre portée. Toi-même, par exemple, que de fois ne t'arrive-t-il pas de croire comprendre les explications que nous te donnons, M. Bernard et moi, quoiqu'elles laissent quelque chose d'obscur dans ton esprit, tandis qu'à un homme fait, elles paraîtraient très simples et très claires. D'où cela vient-il ? De ce que, grâce à l'étude et à l'expérience, l'homme a la raison plus formée, plus développée que l'enfant. D'ici à peu d'années, tu éprouveras la vérité de ce que je te dis; tu trouveras facile ce qui aujourd'hui te paraît incompréhensible. Toutefois, il est un fait certain, c'est que, hommes faits, hommes mûrs, vieillards, comme ton grand-père, ne sont que de tout petits enfants en présence de Dieu.

Encore un exemple pour te faire mieux saisir ce phénomène moral. Tu as pu entendre dire d'un homme absorbé dans de grandes affaires : « Il ne peut s'occuper que de la direction générale ; il lui est impossible d'entrer dans les détails, il les laisse à des employés inférieurs. »

Pourquoi? C'est que chez un homme, fût-il même un homme de génie, l'esprit est borné, la faculté de prévoir, de gouverner, de diriger, est bornée, et par conséquent, il ne saurait embrasser dans un même coup d'œil le tout et les parties. Mais Dieu, lui, est capable de s'occuper à la fois et sans effort de tous les êtres dans les plus minimes détails. Est-il étonnant que son action divine nous échappe dans son merveilleux ensemble? Me comprends-tu, mon enfant?

— Je le crois, grand-père.

— Maintenant, une réflexion dont ton cœur sera touché, j'en suis sûr.

Depuis le commencement du monde, la plupart des hommes ont cru à ce dogme consolant de la Providence divine, mais surtout à la providence spéciale. Le motif en est simple. Au milieu des cruelles épreuves de cette vie, quoi de plus doux, de plus fortifiant pour l'âme affligée, tourmentée de mille peines, de mille angoisses, que de se sentir soutenue, protégée par l'amour et la toute-puissance d'un Père indulgent et compatissant ; d'un Dieu toujours prêt à lui tenir compte de ses efforts, prêt à l'aider, à la soutenir dans les épreuves, pour la récompenser plus tard, si elle les supporte vaillamment ?

Il y a cependant des hommes, et j'en ai rencontré, qui ne veulent pas admettre cette doctrine. Et j'ai souvent remarqué que ces hommes, une fois frappés par le malheur, tombaient rapidement dans le désespoir, parce qu'ils se croyaient entre les mains d'une divinité cruelle et implacable. O mon enfant, si jamais, lorsque tu seras grand, tu es porté à succomber à cette tentation, résiste, résiste, je t'en supplie, au nom de ton propre bonheur, et demande au bon Dieu de te soutenir !...

Il y avait dans la voix de M. Lebrun un accent d'affection si profonde, que son petit-fils tout attendri s'écria : « Oh ! non, jamais je n'oublierai ce que vous venez de me dire ! »

V

OBJECTIONS CONTRE LA PROVIDENCE

Le temps était mauvais, le vent soufflait avec violence, la pluie battait les fenêtres de la petite chambre de Louis ; il était impossible de sortir. Après s'être amusé pendant quelque temps avec ses outils, après avoir même fait une partie de dominos avec son grand-père, notre apprenti-moraliste commençait à trouver le temps long, et il avait été jusqu'à repousser deux ou trois fois les avances de son chien Castor, qui, semblant avoir deviné l'ennui de son jeune maître, multipliait auprès de lui ses caresses.

M. Lebrun, qui guettait du coin de l'œil son petit-fils, lui dit tout à coup :

Mon bon Louis, tes vacances vont finir et avec elles nos causeries. J'ai pourtant bien envie, avant que tu reprennes ta vie d'écolier, d'avoir un dernier entretien avec toi : ce serait une manière intéressante de passer ces heures de mauvais temps, le veux-tu ?

— Très volontiers, grand-père.

— Alors, jette une poignée de petit bois au feu qui s'éteint, car l'air est frais et je me sens gagné par je ne sais quel frisson ?

En quelques instants, le feu flamba de plus belle, en éclairant la chambrette de ses chauds rayons, et M. Lebrun commença en ces termes :

Je veux te parler, ce soir, des objections faites contre la divine Providence, car certaines gens la nient par deux raisons principales : 1° celle de l'existence du mal physique, — 2° du mal moral. Je lis dans tes yeux ton étonnement d'entendre ces paroles, et cependant, comme le fait existe, il est bon que tu en sois prévenu.

Si tu regardes autour de toi, tu verras que malgré l'ordre admirable qui règne dans l'univers, le désordre ou le mal y occupe aussi une grande place. Il s'y montre même partout et sous toutes les formes. Ainsi, pour ne parler que de la nature qui nous entoure, nous y apercevons une lutte constante : On dirait une vraie guerre entre les divers éléments ; guerre marquée par des catastrophes, par des bouleversements que notre globe a subis à différentes époques et subit encore aujourd'hui : les inondations, les tremblements de terre, les éruptions de volcans en fournissent des preuves continuelles. Je ne parle là que des objets matériels, inanimés, mais la même opposition, la même guerre se montre dans les êtres vivants. Les bêtes fauves des forêts et des déserts mangent les bêtes plus faibles qu'elles ; les gros poissons mangent les petits ; enfin les individus naissent, croissent, dépérissent et meurent. Très peu d'entre eux arrivent à leur développement complet, et le plus grand nombre disparaît avant d'avoir atteint le terme ordinaire de sa courte existence. A regarder les hommes, on voit qu'il en est absolument de même. Que de souffrances, que de maladies, que de misères parmi nous autres ! Il ne faudrait pas aller bien loin pour en trouver des preuves, n'est-ce pas, mon Louis ?

— Certes non, grand-père, pas plus loin que la bonne madame Lebel qui, en ce moment, est malade à mourir.

— Eh, oui, tu as bien raison, hélas ! or ce désordre, cette opposition que nous rencontrons partout au milieu de l'ordre général, cela porte un nom, cela s'appelle le *mal physique*.

Je viens de nommer l'homme : chez lui, la souffrance et le malheur présentent le caractère d'un mal particulier aux êtres sensibles. On dirait que sa puissance de souffrir est juste en proportion du nombre et de la supériorité de ses facultés. Vois comme tout cela est vrai. A côté des maladies qui affligent son corps, viennent se ranger l'ignorance et l'erreur qui obscurcissent et égarent son esprit, même quand il cherche la vérité et croit l'avoir atteinte. Il est assailli tout à coup par des doutes, et ces doutes deviennent pour lui un véritable tourment qui le fait souffrir.

Ainsi le mal existe en ce monde sous une multitude de formes, et l'existence de ce mal a donné lieu à des objections contre la Providence elle-même. On dit : comment concilier le mal avec la toute-puissance, la justice, la bonté de l'Être qui a créé ce monde et le gouverne ?

Si Dieu est tout-puissant, comment expliquer les imperfections de son œuvre ? S'il est bon, comment rendre compte du malheur de ses créatures ? S'il est juste, d'où vient la répartition inégale des biens et des maux ? Comprends-tu bien ces objections ?

— Il me semble que oui, grand-père. Mais quand vous aurez parlé encore de tout cela, je comprendrai mieux.

— Eh bien, cherchons à réfuter ces objections.

1° OBJECTIONS TIRÉES DU MAL PHYSIQUE

Avant tout, dans les êtres créés, il existe un mal ou plutôt une imperfection qui tient à leur nature. Dieu seul est parfait, les êtres qu'il a créés ne le sont pas. Dans ces êtres, il y a donc des degrés différents : l'un est plus parfait, l'autre moins. Et certainement aucun n'a le droit de se plaindre de son plus ou moins d'infériorité. Supposons que tous ces êtres soient, au contraire, au même niveau de perfection : il n'y aurait plus de variété, plus d'harmonie. Car, lorsque nous y regardons de près, l'harmonie résulte de la variété non moins que de l'unité. Ainsi ce que nous appelons le mal physique n'est pas en réalité un mal, c'est plutôt le point d'arrêt dans la perfection de la nature, surtout quand on l'applique à des êtres inanimés.

Il y a même quelque chose de plus : ces maux dont nous parlons, servent quelquefois de moyen à produire des biens considérables.

Je vais t'en donner des preuves.

Les désordres, les grands bouleversements de notre globe ont à peu près cessé, et maintenant nous nous apercevons que ces désordres ont amené les choses au point où nous en sommes : nous leur devons souvent et nos richesses, et nos commodités. Comme disait un grand écrivain allemand d'autrefois : « Ces désordres sont allés dans l'ordre ». Il y a quelques siècles, on croyait que les planètes étaient des étoiles filantes. Aujourd'hui, nous savons qu'elles sont soumises à des lois régulières, et qu'il en est de même des comètes, si bien que les astronomes peuvent en prédire très exactement le retour périodique. Là, comme tu le vois, mon bon Louis, ce qui paraissait à nos aïeux une imperfection, ou ce qu'on appelle un mal, est soumis en réalité aux lois générales de l'univers.

Que de choses nous semblent ainsi imparfaites, insuffisantes, mauvaises, tranchons le mot, et sur lesquelles nos descendants porteront une opinion différente, parce que la science aura fait des progrès et que l'homme saura davantage !

Je t'ai dit encore que les êtres animés paraissent être en guerre les uns contre les autres. C'est parfaitement vrai. Mais ici, il y a une observation très importante à faire : les individus périssent sans doute, les gros mangent les petits, mais, malgré cela, les espèces restent, les êtres se renouvellent, et ce que nous appelons la Nature jouit d'une éternelle jeunesse. Au milieu de tous les changements ou transformations que nous remarquons dans la matière, celle-ci ne périt point, et les forces qui l'animent ne sont point anéanties. Il faut toujours en revenir là, et nous finissons par voir que le désordre apparent est réglé par un ordre fixe et immuable; en d'autres termes, par la Providence. De cet état de choses régulier, comment peut-on faire sortir une objection contre cette Providence elle-même ?

Mais laissons là, pour le moment, le monde physique, ou plutôt ne le séparons pas du monde moral. J'ai lu quelque part sur ce sujet des réflexions qui me sont restées dans la mémoire, les voici en substance : cherche à les graver aussi dans ta tête.

« Dieu n'a pas créé le monde seulement pour faire voir sa science infinie de l'architecture et de la mécanique, sans que sa bonté ait eu aucune part à la construction de ce grand ouvrage. Dieu possède les qualités du meilleur monarque au même degré que celles du plus grand architecte. La matière est disposée de telle sorte que les lois du mouvement servent au gouvernement des esprits ; et nous trouverons qu'il a obtenu le plus de bien possible, pourvu que l'on compte les biens physiques et moraux ensemble (1). »

Je voulais m'arrêter là, à propos de ces objections tirées du mal physique, de peur de trop fatiguer ton attention, mon pauvre Louis. Je ne puis cependant abandonner ce sujet sans te dire au moins quelques mots de l'inégale répartition des biens et des maux. Je ne serai pas long : redouble donc de bonne volonté.

---

(1) Leibnitz.

On accuse la Providence d'injustice, parce que, dit-on, les biens et les maux ne sont pas également répartis. Ce n'est pas tout à fait exact ; à y regarder de près, on s'aperçoit que les biens l'emportent sur les maux. Le bien consiste, non pas seulement dans le plaisir, mais dans un état qu'on pourrait appeler intermédiaire entre le plaisir et la douleur. Tu comprendras mieux si je te donne quelques exemples. La santé, la pensée, l'activité, l'exercice de toutes nos facultés physiques, intellectuelles, morales, voilà certes autant de biens très réels. Si nous ne le remarquons pas, si nous n'en tenons pas compte par un effet de l'habitude, ce n'en sont pas moins des biens, et nous le reconnaissons hautement dès que nous en sommes privés. Cette privation nous en avertit sur-le-champ, et, à nos yeux eux-mêmes, elle forme une exception à la règle commune. Voilà donc des biens précieux qui l'emportent de beaucoup sur les maux, maux qui tiennent surtout de l'imperfection de notre nature.

Voici une autre considération que tu n'auras pas de peine à comprendre. Parmi les maux physiques dont nous sommes affligés, combien y en a-t-il que nous devons imputer à nous-mêmes ?

Faisons une supposition irréalisable. Tous les hommes sont sages, tous les hommes remplissent scrupuleusement leurs devoirs : de leur part, point d'imprudence, point de passion. Dans ces conditions, est-ce qu'ils ne seraient pas heureux ? Est-ce que la plupart de leurs maux physiques ne disparaîtraient pas ? Par conséquent, ne rendons pas Dieu responsable de nos vices et de nos excès.

Mais c'est surtout dans la destinée *actuelle* de l'homme qu'il faut rechercher la vraie cause du mal physique. Quel est, dans notre condition présente, le but de notre vie ? C'est, en suivant les dictées de notre libre arbitre, d'accomplir la loi morale : en d'autres termes, de pratiquer la vertu. Or, pour nous, la vertu n'est possible qu'au prix d'un effort, souvent même de beaucoup d'efforts accompagnés de souffrances et de malheurs. Plus est grande la souffrance, et plus est grande aussi la vertu. Aucun homme raisonnable ne nie cette vérité-là. Toi à qui je parle, mon bon Louis, tu le sens bien quelquefois, n'est-ce pas ?

— Oh ! oui, grand-père, quand je suis tenté de ne pas faire mes devoirs, ou de ne pas obéir à papa.

— Eh bien, si l'homme était placé dans un monde arrangé pour le développement facile de ses facultés, pour l'accomplissement aisé de ses devoirs, sa tâche, à lui, homme, s'accomplirait sans peine : il pratiquerait la vertu, puisque le devoir serait rempli, mais non de la façon dont nous l'entendons. Tu comprends encore bien cela ?

— Eh, oui, ce n'est pas mal aisé.

— Bon, poussons plus loin. Ici-bas, depuis l'origine de la société humaine, nous sommes en présence d'un spectacle bien différent. L'effort, l'énergie de l'âme ne peuvent se déployer que dans la lutte contre les obstacles. Multipliez ces obstacles, ces épreuves, vous y introduisez la souffrance, mais vous ouvrez du même coup la carrière à toutes les vertus mâles, nobles et généreuses. Le courage, la patience, la résignation, le sacrifice, le dévouement, le patriotisme, s'exercent invariablement au milieu des obstacles et des adversités de la vie. A vrai dire, telles que les choses sont actuellement organisées, la grandeur morale de l'homme se révèle surtout dans le malheur. Pour moi, je remercie Dieu d'avoir tiré de si grandes choses de notre pauvre nature infirme, et je ne saurais voir dans nos souffrances physiques ou autres une objection contre la Providence (1).

Il ne faut pas oublier cependant un autre point important dans cette question, c'est-à-dire qu'à l'excellence de la vertu, il faut ajouter celle du mérite ou la supériorité du bonheur mérité sur celui qui nous vient naturellement et sans effort. « Qu'y a-t-il de plus grand pour la créature que le mérite? dit Fénelon. Le mérite est un bien qu'on se donne par son choix, et qui rend l'homme digne d'autres biens d'un ordre supérieur. Or, le mérite suppose, non seulement le choix libre, mais l'effort et le sacrifice. Le bonheur, ainsi acheté volontairement par le travail et la souffrance, a l'avantage de mieux faire comprendre le prix du bonheur. Mais ce n'est pas en cela que consiste son excellence véritable; il faut le chercher dans la dignité de l'être qui s'est élevé lui-même à ce haut rang et qui s'est créé des droits à la félicité. « N'est-il pas beau et digne de l'ordre que Dieu n'ait voulu donner à l'homme la béatitude qu'après la lui avoir fait mériter? Or si nous regardons l'arrangement et l'administration de ce monde, tout ne saurait être mieux disposé pour ce grand but. Tous les évènements, et même les adversités que nous éprouvons, sont les moyens les plus propres pour nous conduire à notre vrai bonheur. »

Voilà, mon cher enfant, ce que j'avais à te dire sur les objections tirées du mal physique contre la Providence. Il y a là-dedans certaines choses que tu

---

(1) Leibnitz.

auras de la peine à rapporter par écrit, mais je serai là pour t'aider et, à nous deux, nous en viendrons à bout, je l'espère.

Demain, si tu veux, nous dirons quelques mots des objections contre la Providence, tirées de *l'ordre moral*. Ce sera notre dernière causerie avant que tu reprennes tes études avec M. Bernard.

QUESTIONNAIRE. — Objections contre la Providence, tirées du mal physique. — Énumérer ces objections. — Peut-on appeler *mal* ce qui résulte de l'imperfection de notre nature? — Dieu peut-il créer des êtres parfaits? — Que résulte-t-il de l'inégalité des êtres? — Quels sont souvent les résultats pratiques des désordres de la nature? — La bonté de Dieu n'éclate-t-elle pas autant dans le gouvernement du monde que dans sa créaion? — La vertu elle-même ne ressort-elle pas de l'inégalité des diverses conditions? — Que faut-il penser de la guerre que les êtres animés se font les uns aux autres? — Peut-on accuser la Providence d'injustice, à raison de l'inégale répartition des biens et des maux? — Prouver par des exemples que les biens l'emportent en réalité sur les maux, surtout en ce qui regarde la destinée de l'homme. — Qu'arriverait-il si l'homme était placé dans un état où il n'aurait à subir aucune épreuve? — Comment la souffrance devient-elle la cause immédiate de la vertu et du mérite? — Que suppose toujours la pratique de la vertu?

2° OBJECTIONS TIRÉES DU MAL MORAL

Outre les objections tirées de l'ordre physique contre la Providence de Dieu, d'autres ont été élevées au point de vue du mal moral, et celles-ci sont d'un caractère bien plus difficile à traiter, puisque les plus grands génies s'en sont occupés sans avoir réussi à satisfaire tous les esprits. J'essayerai cependant de le faire avec toi, pour te renseigner au moins sur ce grave sujet.

Les objections tirées du mal moral sont plutôt des *difficultés* que des objections réelles. Elles tiennent à l'infirmité de notre nature plus encore qu'à la réalité des choses. Les unes naissent de la liberté de l'homme, laquelle semble à certaines gens ne pouvoir s'accorder avec la nature divine. Les autres regardent la conduite de Dieu comme contraire à sa bonté, à sa sainteté, à sa justice. Quant aux premières, nous en avons déjà parlé à propos du mal physique, je ne veux donc pas y revenir. Il s'agit pour nous en ce moment d'examiner ensemble les objections tirées du mal moral.

On dit : Si l'homme est libre, s'il est, par conséquent, l'auteur du mal qu'il commet librement, Dieu concourt avec lui à ce mal ; il y concourt de deux manières : *moralement* et *physiquement*. D'abord, au point de vue moral, puisque, en créant l'homme libre, il a dû prévoir et vouloir le mal qui naît précisément de la liberté, et aussi au point de vue physique, puisque l'homme ne peut rien sans l'assistance divine, qui intervient dans les opérations de la volonté humaine.

Voilà l'objection dans toute sa force.

Voici la réponse qu'on y fait :

Cette objection repose sur un mot impropre. Il n'est pas vrai de dire que Dieu *veut le mal*, ce qui serait contraire à son essence même ; cependant il peut très bien *permettre* le mal, dans des vues à lui connues, mais ignorées de nous. Je vais expliquer ces paroles. Dieu veut toujours et absolument le bien. Toutefois, le bien lui-même peut sortir du mal, et Dieu, dans sa sagesse suprême, peut, lui, tirer du mal un bien supérieur. Nous verrons tout à l'heure comment cela arrive dans la réalité. En attendant, mets-toi dans la tête, mon enfant, qu'il est impossible de concevoir Dieu voulant le mal en soi. Quant au mal physique, nous concevons, il est vrai, que notre Dieu se réserve d'atteindre par là une fin plus haute, je te l'ai prouvé l'autre jour. Pour le mal moral, il n'en est plus de même en aucune manière.

Le mal est donc uniquement le fait de l'homme libre, car c'est une condition de sa liberté elle-même. Que serait cette liberté, si l'homme ne pouvait se déterminer que dans un sens? Opter seulement pour le bien? Ce serait le cas de dire que sa volonté est *contrainte*. Donc elle ne serait plus libre.

Supposons un fait que tu comprendras facilement. Un de tes camarades te sollicite à commettre une mauvaise action. Tu refuses, non parce que ta conscience t'y porte, mais parce que ta volonté est liée et ne peut faire autrement. Où sera ta liberté? Où sera ton mérite devant Dieu et les hommes, puisque tu n'auras pu faire autrement? De fait, comme tu le vois, l'objection n'a pas de force. De fait aussi, c'est nier à la fois le bien et le mal. Car comment existeraient-ils, si la volonté n'était plus libre, et si elle subissait constamment une pression divine. La sainteté de Dieu est ainsi tout à fait hors de cause dans cette question-là.

On insiste et l'on dit : Dieu savait qu'en accordant la liberté à l'homme, il en abuserait et se rendrait malheureux.

Mais Dieu savait aussi qu'il pouvait en faire un bon usage et parvenir au bonheur dans ce monde et dans l'autre. Et voilà précisément pourquoi il lui a donné cette liberté. La bonté de Dieu n'est donc en rien plus engagée dans la question que ne l'est sa sainteté.

Autre objection. En accordant la liberté à l'homme, Dieu n'aurait-il pu, pour empêcher le mal, lui donner une volonté plus disposée au bien, une volonté que, lui, Dieu, aurait *inclinée*, poussée vers ce bien?

C'est comme si l'on demandait que Dieu nous eût créés plus parfaits et d'une nature supérieure à la nôtre. Mais, au fond, cela n'était nullement nécessaire, car apparemment Dieu ne peut être obligé de donner à ses créatures raisonnables une perfection les approchant davantage de sa propre divinité. D'ailleurs, comme je te l'ai déjà dit, c'eût été enlever à la vertu son mérite, de sorte que plus on supprime la possibilité du mal, plus on enlève aussi au libre arbitre, dont la dignité et l'exercice réels doivent être, aux yeux de Dieu, beaucoup plus précieux comme étant la source d'une véritable adoration libre.

J'aurais encore beaucoup de choses, mon enfant, à te dire sur ces objections tirées du mal moral, mais en voilà assez, je crois, pour te convaincre qu'elles ne reposent pas sur des arguments fort sérieux. Au bout du compte, Dieu a donné à ses créatures la faculté ou le moyen de se bien servir de leur liberté, car notre raison est elle-même ce moyen. La Religion y ajoute la grâce.

Jusqu'ici je me suis généralement abstenu de prononcer le nom de Religion, parce que la Morale repose sur la lumière naturelle. La Religion, ai-je dit, y ajoute la grâce; or, la grâce divine, c'est Dieu agissant sur les hommes, et c'est une question de dogme que je ne dois pas aborder avec toi. C'est à M. le curé et à ton catéchisme qu'il appartient de t'expliquer la chute de l'homme et les suites du péché originel, sa réhabilitation, les merveilleux secours que nous fournit la pratique religieuse. Mais je puis au moins ajouter que, si Dieu a créé l'homme faible, s'il prévoyait que celui-ci abuserait de sa liberté, il lui a ménagé, dans sa miséricorde et sa bonté, de puissants moyens de se relever. En outre, plus même il l'a créé faible, moins il doit exiger de lui; Dieu est juste, il est la justice même; Dieu est bon, il est la souveraine bonté. Il ne peut donc demander à sa créature qu'en proportion de ce qu'il lui a donné.

D'autres arguments, plus à ta portée peut-être, se présentent encore pour réfuter les objections élevées contre la Providence. Par exemple, je pourrais nous comparer à un homme qui voudrait examiner les astres en se servant d'une simple lorgnette de théâtre. Naturellement, il lui serait impossible de voir ce qui s'y passe. Comment nous étonner qu'avec notre vue intellectuelle si courte, nous ne puissions savoir au juste ce qui se passe au delà de cette vie, où, toutefois, connaissant la bonté et la justice de Dieu, nous devons compter sur une compensation à nos maux terrestres, pourvu que nous ayons été fidèles au devoir?

M. Bernard, dans ses explications sur la nature humaine, t'a parfaitement démontré que l'homme est un être libre et par là même responsable de ses actes. Or cette liberté et cette responsabilité sont à la fois, pour lui, une gloire et un danger. Une gloire, parce que, par un effet de sa propre volonté, il peut opter pour la vertu; un danger, s'il se détermine pour le mal. Que le mal ait envahi trop souvent le monde, par la violation du devoir, on ne peut malheureusement le contester; mais c'est une conséquence de notre liberté même et nous aurions tort de nous en plaindre. Si nous étions *contraints* de faire le bien, encore une fois, où serait le mérite ? En soi, l'objection tirée du mal moral se détruit donc d'elle-même. Autant vaudrait murmurer de ce que l'homme est libre.

Le mal physique ne peut-il pas fournir matière aux mêmes arguments ? N'est-il pas trop souvent le résultat direct de nos propres fautes ? J'en prends un exemple tout près de nous.

Tu as vu quelquefois Auguste Charbonneau, ancien élève de M. Bernard. Après l'avoir quitté, il entra en apprentissage à Bar-le-Duc, à l'âge de quatorze ans. Ce pauvre garçon, entraîné par de mauvais camarades, ne tarda pas, pour les imiter, à se livrer au désordre. Ici, à Beaumont, il jouissait d'une santé parfaite, et semblait destiné à devenir un vigoureux compagnon. Bientôt la fréquentation du cabaret et son goût immodéré pour l'eau-de-vie altérèrent profondément sa constitution. Ces tristes habitudes le conduisirent au tombeau à dix-sept ans. N'était-ce pas sa faute, et s'il avait résisté à ses mauvais penchants, serait-il mort si prématurément ?

J'espère t'en avoir dit assez, mon cher Louis, pour te convaincre du peu de fondement des objections mises en avant contre l'existence d'une Providence divine. Je me flatte aussi d'avoir réussi à jeter dans ton âme les bases solides d'une foi inébranlable en l'action toute-puissante de Dieu sur le monde moral et sur le monde physique.

Je me résume. Tout remonte à une cause unique que nous nommons Dieu ! Cette cause souveraine a établi des lois d'où résulte un ordre admirable, une régularité parfaite, jusque dans les phénomènes qui prennent quelquefois à nos yeux les apparences du désordre. Restées immuables depuis la création de l'univers, elles semblent n'avoir d'autre fin que d'assurer une existence heureuse à la créature supérieure que nous appelons l'*homme*, lequel, composé d'une âme immortelle et d'un corps périssable, possède la liberté de diriger ses actions et de remplir le devoir ou l'obligation morale, qui lui est imposée à la fois par sa propre raison et par la volonté divine.

Puisque l'homme est libre, il est responsable de ses actes. Puisque, en vertu de cette même liberté, il peut choisir entre le bien et le mal, il peut donc mériter ou démériter ; c'est-à-dire, obtenir une récompense ou subir un châtiment ici-bas, ou dans une vie future, selon qu'il obéit ou qu'il viole la loi de Dieu.

De ce que je viens de dire, résulte encore ce fait capital que je te prie de bien graver dans ta mémoire, ou plutôt dans ton cœur. Notre conscience intime pourrait être comparée à un autel sur lequel nous offrons à Dieu tous nos actes, pour accomplir sa volonté et pour nous rapprocher, autant que possible, de sa sainteté. Mais l'idée d'autel implique aussi l'idée de sacrifice ou d'effort ; c'est là précisément ce qui constitue la vertu. Aussi l'homme qui accomplit chaque jour une succession continue de sacrifices ou d'efforts reçoit à juste titre le nom d'*homme vertueux*. Dès lors, dans la croyance du genre humain tout entier, il mérite une récompense, soit dans cette vie, soit dans l'autre et même dans toutes les deux. Me comprends-tu, mon enfant ?

— Parfaitement, grand-père.

— Mais, si l'homme de bien mérite une récompense pour avoir rempli rigoureusement et constamment l'obligation du devoir, celui dont la vie entière aura été remplie par la violation du devoir, méritera un châtiment dans ce monde ou dans l'autre, souvent même dans tous les deux. Pourquoi? C'est qu'autant qu'il dépend de lui, cet homme se sera révolté contre Dieu, en dérogeant aux sages lois que celui-ci a posées pour la conservation et le bonheur de l'humanité.

Voilà encore un point reconnu dans tous les temps et dans tous les lieux.

En réalité, les choses se passent-elles sur notre terre, comme je viens de l'indiquer? L'homme de bien reçoit-il la récompense de son mérite? Le méchant subit-il le châtiment dû à son crime?

Oui, voici comment : L'homme vertueux, même quand il est malheureux au point de vue matériel, ressent au fond de sa conscience une satisfaction profonde d'avoir accompli son devoir. Et cette satisfaction lui donne une force nouvelle pour continuer dans la voie où il s'est engagé. Cette force est même si grande parfois, que, si les autres hommes méconnaissent sa droiture, le persécutent; s'ils l'accablent de leur haine, il reste inébranlable, indomptable, comme si son cœur était entouré d'un triple airain. Étrange phénomène, dont la source réside dans sa confiance en Dieu, qui lit au fond de son âme la pureté de ses intentions. Aussi, le bonheur intime dont jouit ce juste, même aux moments les plus critiques de son existence, répand-il sur son visage une sérénité incomparable, et lui procure dès ici-bas sa récompense, en attendant celle dont il sera comblé dans la vie future.

Il en va tout autrement de l'homme méchant A peine a-t-il commis son crime, que le remords s'attache à lui et le poursuit sans trêve, même alors qu'il se croit assuré de l'impunité. Les anciens nous ont laissé d'admirables peintures sur le remords s'acharnant à sa victime. M. Bernard t'en a lu de très beaux extraits que tu te rappelles sans doute, et dont je t'engage à te souvenir toujours.

Mais il nous faut autre chose sur cette terre que la récompense ou le châtiment, que les jugements favorables ou défavorables, que l'éloge ou le blâme dont nos semblables peuvent user envers nous. Toute sanction humaine est sous ce rapport insuffisante. D'un côté, la vertu la plus parfaite se pratique dans le silence et l'obscurité; de l'autre, le crime se dérobe aux regards et s'enveloppe de ténèbres parfois impénétrables. Seul, l'œil de Dieu scrute nos intentions et nos actes; seul, il devient une sanction réelle, équitable par excellence; seul, il apprécie, d'ores et déjà, la vertu de l'homme de bien; seul, il découvre les méfaits du criminel, tout en réservant quelquefois son jugement jusqu'à la mort.

De là, l'inaltérable croyance en un Dieu souverainement *Justicier*. Ici, la Religion et la morale se donnent la main pour proclamer la sanction divine. Je dirais même qu'elles se confondent, car on peut affirmer en vérité que la Religion est le fondement solide de toute morale véritable. La tradition universelle n'a jamais cessé de le déclarer, et toutes les fois que des esprits égarés ont contredit cette vérité; toutes les fois surtout que leurs négations ont prévalu dans les sociétés civilisées, la corruption n'a pas tardé à s'y établir en maîtresse, traînant à sa suite l'abaissement et la ruine, preuves irréfragables de la vérité de ces principes.

En dernière analyse, que résulte-t-il de ce que je viens de dire en parlant de la Providence au point de vue de la loi naturelle? C'est que d'un bout à l'autre nous avons été forcément conduits à Dieu, d'abord ; puis à reconnaître son existence, à distinguer son action sur le monde et sur les êtres qu'il a créés. De là, en étudiant les résultats pratiques de cette action dans les sociétés humaines, nous sommes arrivés à ce fait : que les règles de la morale ou de la loi naturelle sont insuffisantes pour constituer une base solide et immuable, une sanction assurée et efficace aux actions de l'homme ici-bas. Les exemples de l'insuffisance de cette sanction ne nous ont certes pas manqué, soit dans les individus, soit dans les sociétés civilisées de l'antiquité et du monde moderne. Dès lors, quelle conclusion sommes-nous absolument contraints de tirer de ce fait aussi éclatant que la lumière du jour ? C'est que, si la morale nous conduit à Dieu, elle a un besoin impérieux de ce même Dieu pour s'assurer le fondement certain, obligatoire, absolu en ce qui touche la volonté humaine, comme aussi pour obtenir avec non moins de certitude une sanction juste, efficace, universelle, dans tous les cas, sans exception, où se trouve engagée la conscience de l'homme.

Que ressort-il de cette conclusion ? que la morale naturelle se confond avec la morale religieuse, d'où elle tire son plus puissant appui.

QUESTIONNAIRE. — A quoi se réduisent les objections tirées du mal moral? — Exposer la première objection. — Dieu est-il moralement et physiquement l'auteur du mal, concurremment avec l'homme? — Sur quoi repose cette objection? — Dieu peut-il *vouloir* le mal, ou physique, ou moral? — Pourquoi peut-il le permettre? — Exposer la seconde objection relative à la liberté de l'homme, donner la réponse. — Exposer la troisième objection. — Que s'ensuivrait-il, si Dieu inclinait forcément la volonté humaine vers le bien? — Quel est le moyen donné à l'homme pour pratiquer le devoir? — Quel autre moyen vient s'y ajouter? — Dieu peut-il exiger de l'homme plus qu'il ne lui a donné? — Quelle est la position de l'homme, quand il veut juger les arrêts de la Providence? — Ne sommes-nous pas souvent les auteurs du mal physique et du mal moral? — En donner des exemples. — Proviennent-ils quelquefois du mal moral? — Résultent-ils de notre liberté? — Résumer succinctement les diverses conclusions que l'on peut tirer de tout le cours de morale théorique.

TROISIÈME PARTIE

MORALE PRATIQUE

Nos devoirs.

DIVISION DES DEVOIRS

MORALE INDIVIDUELLE — MORALE SOCIALE — DROITS CORRESPONDANTS

1°. MORALE INDIVIDUELLE

Je vous l'ai répété souvent, mes enfants, dit M. Bernard, en commençant cette troisième partie, nos devoirs sont la limite même de notre liberté morale. Ces mots *devoir* et *liberté* sont deux notions inséparables. Sans devoir, la liberté est impossible; sans liberté, le devoir n'est pas non plus possible. Le devoir donc comprend toute l'existence de l'homme.

Mais, comment sont déterminés, arrêtés pour ainsi dire, les devoirs que nous avons à remplir? Par les êtres qui nous entourent et qui les ont ramenés à quatre classes : 1° devoirs de l'homme envers lui-même ; 2° envers ses semblables ou l'ordre social ; 3° envers l'ordre politique ou l'Etat ; 4° envers Dieu.

I

DEVOIRS DE L'HOMME ENVERS LUI-MÊME

Ces devoirs sont de deux sortes : 1° NOS DEVOIRS ENVERS NOTRE AME; 2° NOS DEVOIRS ENVERS LA NATURE EXTÉRIEURE.

1° DEVOIRS ENVERS NOTRE AME

Nous sommes tous des êtres intelligents et, comme tels, faits pour connaître : c'est une loi fondamentale de notre nature. De là, pour nous, un premier devoir, celui d'atteindre autant que possible cette fin suprême de notre nature spirituelle. Mais, est-ce un devoir pour nous d'apprendre uniquement pour le plaisir de connaître? Si je posais à chacun de vous cette question, peut-être n'y en aurait-il pas un capable d'y répondre convenablement. Elles sont rares les âmes dévorées par la soif de connaître en tout le fond des choses. Aussi bien, ce n'est heureusement pas nécessaire. La connaissance que nous devons rechercher doit être acquise en vue d'une certaine application *pratique*. Nous étudions, nous faisons des recherches, c'est parfait. Mais cette étude, mais ces recherches doivent être toujours subordonnées à des fins utiles, légitimes, morales. Autrement l'homme risquerait beaucoup de s'agiter dans le vide. Or il résulte de ce point de départ que notre devoir est d'acquérir certaines connaissances nécessaires, même à tout le monde Quelles sont-elles ? Précisément les connaissances relatives à nos devoirs, et voilà pourquoi, ni vous, ni moi, ni personne, nous ne pouvons nous dispenser de les rechercher.

D'autres devoirs, au contraire, varient d'individu à individu, suivant la position et la fonction que chacun doit remplir ici-bas. Nous avons donc affaire à deux sortes d'obligations : l'une générale, commune à tous et, par conséquent, à laquelle tous sont assujettis ; l'autre, appropriée aux diverses carrières individuelles et variables comme elles. Remarquez cette distinction : elle est bonne à se rappeler, si nous voulons nous éviter dans la suite beaucoup d'erreurs funestes. Un exemple entre mille autres.

Quels sont les devoirs d'un cordonnier ? D'être un honnête homme, de remplir ses obligations morales vis-à-vis de soi-même et de ses semblables. Mais s'il prend à notre cordonnier la fantaisie de se jeter dans la politique et de faire des études sociales, grâce auxquelles il prétendrait gouverner ses voisins et la société, très probablement il se fourvoiera bientôt, et prêtera à rire à ses dépens, tandis que ses pratiques ne tarderont pas à le quitter. Pourquoi ? C'est qu'il aura négligé ses devoirs professionnels, c'est-à-dire de faire de bons souliers.

J'en dirais tout autant si le véritable homme d'État négligeait, lui, les études et les devoirs de sa profession.

Donc, nul homme n'est excusable de ne pas faire des efforts pour acquérir les connaissances spéciales par lesquelles, suivant sa carrière, il peut le mieux s'acquitter des devoirs attachés à cette même carrière.

Comme êtres libres aussi, nous avons pour devoir de développer graduellement notre liberté morale. Or, rencontrons-nous des obstacles à cette liberté? Sans aucun doute, ces obstacles se trouvent tous au-dedans de nous, jamais au dehors. Quels sont-ils? Ce sont les motifs de nos déterminations que nous appelons instinctives, irréfléchies. Et c'est juste pourquoi, mes chers enfants, à votre âge, vous êtes si portés à suivre ces déterminations irréfléchies. Que de fois vous commettez le mal sans y penser, comme vous dites! Eh oui, je ne m'en étonne pas. Vous êtes tous, plus ou moins, des êtres de premier jet, de première inspiration, et ma principale difficulté, à moi, c'est de vous amener peu à peu à devenir des êtres véritablement moraux et réfléchis. Quand vous le serez, cela prouvera que vous avez appris à lutter contre les forces hostiles au devoir qui se trouvent au dedans de vous.

Mais au dehors, il y aussi des forces qui sollicitent votre volonté, tantôt vers le bien, tantôt vers le mal. De là, deux devoirs: le premier, de résister aux sollicitations contraires à la morale; le second, de lutter contre les obstacles, quand ils s'opposent à l'exécution de desseins légitimes. D'où il suit que la vertu de résistance et la vertu d'action, l'énergie et la patience sont les deux vertus essentielles de l'être libre. Et ces deux vertus-là ont enfanté les plus grandes choses qui se soient accomplies en ce monde. Ce sont donc les deux forces que nous devons chercher à acquérir avec le plus d'ardeur.

2° DEVOIRS ENVERS NOTRE CORPS

Ici, M. Bernard fut interrompu par une exclamation subite d'un de ses élèves, François Lebeau, qui s'écria du haut de sa voix : « Des devoirs envers le corps, Monsieur, qu'est-ce que c'est que ça? je ne comprends pas.

— Un peu de patience, François, reprit l'instituteur, et vous comprendrez facilement. Tenez, vous qui m'interrompez, vous venez de céder à une détermination irréfléchie. Les devoirs envers notre corps résultent des rapports existants entre l'âme et le corps. Votre corps est uni à votre âme; il en est l'instrument. De là, pour nous, un grand intérêt à le conserver dans un bon état de santé physique; de là découle ce premier devoir de veiller sur lui, afin de le mettre à même de remplir, de concert avec notre âme, d'autres devoirs. A vrai dire, ce devoir n'a pas d'autre importance : soigner le corps, conserver le corps, uniquement pour le corps lui-même, cela nous mènerait souvent au désordre, parfois même à des absurdités. La conservation dont je parle doit toujours avoir pour but certaine fin morale de notre âme. En y réfléchissant, cette considération nous amène à comprendre pourquoi le suicide est un crime. S'il n'y avait point pour notre âme d'obligation morale, nous serions libres d'anéantir notre corps. Où serait pour cette âme le devoir, si tout finissait avec le corps? Il est très naturel, pour des gens habitués à vivre hors de la soumission aux règles de la conscience, de se croire maîtres de disposer de leur vie. Il n'y a au fond, pour nous, de nécessité de vivre que si nous nous sentons libres, soumis à des devoirs que nous devons accomplir et dont l'accomplissement même dépend précisément de l'existence de notre corps.

Je prononce sans cesse ce mot de *Devoir*, auquel nous sommes forcément ramenés ; mais qui nous impose ce devoir? Dieu lui-même, l'auteur de tout bien, de toute idée morale. Qui suggère à notre conscience intime cette même idée de Devoir? Dieu, toujours Dieu. Or, ce Dieu en unissant l'âme qu'il a créée à un corps qu'il a également créé, dans le but unique de faire exécuter, et par cette âme, et par ce corps, les diverses prescriptions de la morale, nous impose l'obligation de *respecter* son œuvre dans son intégrité ; car, sans cette intégrité, il nous est impossible, absolument impossible de remplir un devoir quelconque. Et voilà pourquoi le suicide est un crime. Et voilà pourquoi nous devons toujours respecter notre corps, non seulement pour ne pas attenter à son existence, mais aussi pour lui permettre d'atteindre le but pour lequel ce serviteur de notre âme a été créé. Ainsi *Respect au corps*, dans chacun de nos actes, dans le plus petit comme dans le plus grand, dans les ténèbres comme au grand jour. Et, lorsque nous sommes tentés de porter notre corps à un acte réprouvé par la morale, repoussons bien loin cette tentation, en nous disant : *Dieu te voit!* Dans les profondeurs de la nuit, Dieu te voit, dans l'éclat du jour, dans les joies d'un festin, dans la liberté d'une conversation, Dieu te voit partout et toujours !

Ainsi, nous retrouvons invariablement Dieu derrière le rideau qui nous le cache ici-bas. Et j'avais d'autant plus besoin de vous le rappeler que je vais vous parler de deux qualités qui sont d'un puissant secours, pour conserver à la fois notre dignité morale et la santé de notre corps ; sujet que je ne veux aborder avec vous qu'au point de vue de votre intérêt bien entendu.

LES VERTUS

PROPRETÉ ET TEMPÉRANCE

D'abord la *Propreté*. Vous ne vous douteriez pas combien elle influe sur notre bien-être physique. Ainsi, dans la poussière que nous ne pouvons empêcher de se fixer sur les diverses parties de notre corps, il se trouve souvent des germes de maladies épidémiques, qui se développent ensuite dans nos organes. Voilà qui est terrible, n'est-ce pas, et pourtant c'est l'exacte vérité. Eh bien, si nous voulons écarter autant que possible ce danger redoutable, tenons notre corps dans un état de propreté parfaite. Ne manquons jamais chaque matin de laver abondamment notre visage, notre cou et nos mains avec de l'eau froide, même pendant l'hiver. C'est un moyen assuré de fortifier notre peau, de nous préserver des gros rhumes et quelquefois des fluxions de poitrine.

Et puis, l'enfant malpropre devient un objet de dégoût pour ses camarades eux-mêmes; j'en ai la preuve dans les très vifs reproches que vous adressez à certains d'entre vous qui ne brillent pas précisément par un excès de propreté. J'ajoute que ces soins de propreté sont encore plus indispensables en été qu'en hiver. Aussi, les peuples méridionaux, qui sont généralement malpropres, sont-ils souvent attaqués par des épidémies mortelles, dont finissent par être victimes des populations entières.

Si vous joignez à ces soins particuliers la gymnastique et ces exercices qui conviennent si bien à votre âge, vous réaliserez plus tard l'idéal que les anciens se faisaient d'un homme parfait, lorsqu'ils le définissaient : *Un esprit sain dans un corps sain.*

J'arrive maintenant à la Tempérance. Que faut-il entendre par là ? La modération dans notre nourriture. Hélas ! vous êtes trop souvent exposés, mes amis, à voir des gens qui se livrent à des excès dans le boire et le manger, qui abusent des liqueurs fortes, et Dieu sait à quel état d'abrutissement ils ne tardent pas à descendre. Pourtant ces gens-là ont commencé par être sobres ; ils se portaient très bien lorsqu'ils mangeaient pour renouveler leurs forces, non pour se gorger d'aliments inutiles, sinon nuisibles. Etonnez-vous ensuite que de bonne heure ils deviennent vieux et incapables de gagner leur vie, trop heureux même lorsqu'ils ne la perdent pas dans la débauche et l'ivrognerie.

Dieu me préserve de voir jamais un de mes élèves dans une pareille dégradation !

Outre la raison de santé, il y a encore un autre motif pour vous habituer à la tempérance. Tous, tant que vous êtes, si vous atteignez l'âge de vingt ans, vous serez obligés de servir la Patrie dans l'armée, pendant un certain nombre d'années. Or, quand on est au service, si chacun a de quoi manger abondamment, on ne le régale pas, que je sache, de poulets et de perdrix. De plus, à moins qu'on ne puisse le payer de sa poche, on boit rarement du vin. Je vous le demande, que deviendra le soldat habitué à satisfaire sa gourmandise et ses fantaisies, s'il lui faut se contenter absolument de ce que lui fournira sa gamelle? Que deviendra-t-il surtout en temps de campagne, où l'on est obligé parfois de marcher de longues heures, sac sur le dos, sans se mettre, comme on dit, une croûte sous la dent. Notre gourmand restera certainement en route, et gare à lui si par hasard il est rattrapé par l'ennemi.

Donc, mes amis, habituez-vous de bonne heure à la Tempérance pour obéir à Dieu, pour votre santé personnelle, et pour devenir de braves soldats de la France. Du reste, pour vous y encourager, voici quelques courtes histoires propres à vous prouver à quel haut prix nos grands hommes et nos grands patriotes estimaient la vertu de Tempérance.

RÉCITS

Louis XIV occupe un rang assez élevé, je crois, dans notre histoire. Ce prince a laissé une sorte de code militaire renfermant des règlements pour les officiers de son armée. Or, il recommande très instamment la simplicité et la frugalité dans les repas. A cet égard, il entre même dans des détails très minutieux, et entre d'autres choses, il défend, sous des peines sévères, les dépenses et la somptuosité des tables. Cela se conçoit. Un gouvernement énergique et habile comprend toute l'importance pour l'État, de bannir des camps le luxe et les prodigalités qui tendent uniquement à amollir et à énerver les hommes. Aussi, le grand roi a-t-il soin de flétrir ceux qui gaspillent en peu de jours, par amour pour la bonne chère, des sommes suffisantes quelquefois pour nourrir des familles pendant des années entières.

Sous ce même roi, Louis XIV, vivait un maréchal de la Ferté, qui servit longtemps la France avec honneur. C'était un rude batailleur, faisant régner une forte discipline parmi les soldats placés sous ses ordres. Selon lui, on devait accoutumer la jeunesse, comme chez les Lacedémoniens, à une vie sobre et dure. Un jour son maître d'hôtel ayant fait, par ordre de son fils, une ample provision de truffes, de morilles (1) et de toutes les friandises destinées à confectionner d'excellents ragoûts, lui en apporta le mémoire. Le maréchal furieux jeta le mémoire à terre avec indignation, le foula aux pieds et s'écria: « Ce n'est pas ainsi que nous avons fait la guerre. De la grosse viande, apprêtée simplement, c'était là tous nos ragoûts! Dites à mon fils que je ne payerai pas un sou vaillant de sa folle dépense, qui est indigne d'un homme de guerre! »

Troisième exemple emprunté aussi à notre vieille histoire. Sous Charles IX, un autre maréchal, nommé Tavanne, était indigné des dépenses énormes qu'on faisait à la cour, tandis qu'on négligeait les besoins essentiels de l'État. Un jour il dit au roi: « Sire, puisqu'on n'entend plus parler que de réjouissances et de fêtes, je voudrais bien donner une pièce de ma façon, qui conviendrait mieux à la situation présente des affaires. » Le monarque, dont la curiosité était éveillée, lui demanda de la lui communiquer. Tavanne reprit aussitôt. « Ma pièce n'est pas longue, elle ne contient que ce peu de mots:

---

(1) Sorte de champignon.

« Vous êtes des sots; vous dépensez votre argent en festins, en pompes et en masques, et ne payez ni gendarmes, ni soldats, les étrangers vous battront (1). »

Ces vieux Français avaient du bon dans leur franc parler. Mais pourquoi remonter jusqu'à eux? Nos soldats de la première République n'avaient souvent ni chaussures, ni capotes, ni même un morceau de pain à manger. Il leur fallait, disaient-ils familièrement, se serrer le ventre, et pourtant ils battaient l'ennemi. Comment l'auraient-ils fait s'ils n'avaient été depuis longtemps rompus à la tempérance.

QUESTIONNAIRE. — Quelle est la triple division des devoirs? — En combien de classes se divisent les devoirs envers nous-mêmes? — Que faut-il entendre par les devoirs envers la nature extérieure? — Quel but l'homme cherche-t-il tout d'abord? (Connaître.) — Quelles connaissances l'homme doit-il avant tout chercher à acquérir? — Qu'entend-on par les devoirs professionnels? — Y a-t-il des devoirs envers le corps et en quoi consistent-ils? — Comment démontrer, par nos devoirs envers le corps, que le suicide n'est pas permis? — Sur quels devoirs repose l'obligation de soigner le corps? — Pourquoi devons-nous respecter notre corps? — Comment l'observation de la Propreté et de la Tempérance se rattache-t-elle au devoir moral?

LES VERTUS (Suite)

LA FORCE

A propos de nos devoirs envers notre corps, je vous ai parlé, mes amis, de deux vertus morales qui s'appliquent bien à ce corps, mais qu'il faut se garder de

---

(1) Au seizième siècle, les gendarmes formaient un corps d'élite, où servait à l'envi la plus haute noblesse : Bayard en avait fait partie.

considérer comme exclusivement matérielles. A aucune vertu, quelle qu'elle soit, on ne saurait attribuer cette épithète, parce que l'idée même de vertu implique celle d'un effort fait par un être intelligent et libre, par un être croyant en Dieu et tendant autant qu'il lui est possible à se rapprocher de la divinité. Aussi, pourrait-on appeler toute vertu morale, un acte du culte que chaque être individuel est obligé de rendre au grand Dieu qu'il reconnaît. Voilà précisément pourquoi j'ai tant insisté sur le respect que nous devons à notre corps. Voilà pourquoi je n'ai pas moins insisté sur la nécessité de pratiquer la propreté et la tempérance, deux vertus qui sont à la fois un acte de respect que nous portons à notre âme intelligente et libre, et aux organes unis à cette âme dans le but exclusif de nous donner la faculté de remplir nos devoirs envers Dieu. Aussi, ces vertus rentrent-elles essentiellement dans la morale individuelle.

Mais il y en a une autre qui y rentre également, d'une façon plus distincte encore, car elle s'adresse surtout à notre âme : cette vertu c'est la Force, qui serait mieux appelée l'*Énergie*.

N'allez pas comprendre dans ce mot *Force* une *contrainte* quelconque exercée sur nous, dans le sens où l'entendaient les anciens, sens que nous avons conservé. Il s'agit de cette vertu qui nous inspire l'énergie nécessaire pour entreprendre et mener à bonne fin nos desseins légitimes. On entend encore par ce mot la persévérance, non moins nécessaire pour résister au mal, pour remplir nos devoirs, pour vaincre les obstacles qui se dressent trop souvent devant notre action morale. D'après ce peu de mots, vous le voyez, la vertu de Force se compose d'une succession d'actes essentiellement dignes de la fin pour laquelle nous avons été créés.

Mais la *force*, à raison même de ses applications nombreuses dans la vie, a reçu différentes dénominations qu'il est bon de vous faire connaître. Au fond, sous ses noms divers, c'est toujours la même vertu qui est en vue. Ainsi, elle s'appelle tour à tour : *activité, constance, intrépidité, énergie de caractère*.

L'activité, nous l'avons vu, est une vertu essentielle de notre âme. Celle-ci est même si active que, faute d'employer pour le bien cette faculté, elle l'emploie pour le mal, ou si elle la néglige, elle tombe dans l'inertie, et quelquefois cause ainsi la mort du corps. L'activité sera donc pour nous le courage au travail.

Ensuite vient la *constance* ou la force nécessaire pour persister dans notre tâche ici-bas, malgré les obstacles et les difficultés de toutes sortes. Les Anglais ont un dicton pour exprimer cette persévérance énergique : « Nous avons échoué aujourd'hui, disent-ils, nous ferons mieux demain. » Et à force de *demains*, c'est-à-dire de rechutes, ils ont fini par obtenir des miracles de persévérance.

Mais la force a encore un autre nom : elle s'appelle *intrépidité*. Quand un soldat affronte les boulets et la mitraille pour prendre une redoute; quand le marin, dans une affreuse tempête, monte hardiment jusqu'au haut du grand mât au péril de sa vie, pour carguer une voile déchirée par le vent, ils déploient tous les deux une force admirable, celle de l'*intrépidité*.

Enfin, l'*énergie de caractère*, qu'est-ce donc ? C'est la force qui nous permet de résister aux mauvais conseils, aux mauvaises doctrines et aux mauvaises excitations ; qui nous porte à ne jamais renier nos convictions religieuses et politiques, malgré les sollicitations d'autrui. C'est ce qu'on appelle aussi le *courage civil*, beaucoup plus rare celui-là que l'intrépidité sur les champs de bataille, et qui trouve surtout son application dans les temps de révolution. Tâchez, mes chers amis, d'acquérir cette indépendance ou énergie de caractère, et vous aurez l'estime de tous les honnêtes gens.

Mais en voilà assez sur les différents synonymes de ce que nous avons nommé la vertu morale de la *Force*. J'ai là en réserve deux exemples de cette vertu, portée au plus haut degré chez deux ouvriers, l'un Américain, l'autre Anglais, dont vous serez bien aises de connaître l'histoire respective.

GEORGES STEPHENSON

1781-1848

Au nord de l'Angleterre, tout le long d'un fleuve qui s'appelle la Tyne, s'étend un bassin houiller très profond qu'on exploite depuis des siècles, et qui fournit du charbon en grande quantité, soit dans le pays même, soit à l'étranger. L'exploitation de ce minéral donne à cette région un caractère étrange ; on pourrait l'appeler le pays de terre noire. En effet, les hautes collines qui le bordent sont noires de la poussière et du détritus de charbon. Les hommes et les femmes sont noirs et portent des vêtements noirs. Quant aux maisons de la ville de Newcastle ou Neufchâteau, fortifiée par les anciens Normands, ses noires maisons ne la distinguent guère du sol environnant.

A deux lieues environ de cette ville noire, en remontant la Tyne, on rencontre un petit village appelé Wylan, habité par des mineurs, parmi lesquels se trouvait un pauvre ouvrier, nommé Robert Stephenson. C'était le père du héros de notre histoire, de celui qui créa, pourrait-on dire, les chemins de fer et la locomotive. Ce dernier naquit en 1781 et reçut au baptême le nom de George. C'était le second fils d'une famille de six enfants. Le lieu de sa naissance était une triste maison, dans laquelle quatre chambres, formant un rez-de-chaussée et un premier étage, offraient autant d'habitations pour quatre ménages d'ouvriers. Les murs n'étaient pas même badigeonnés, le plancher était d'argile et les solives du plafond s'étalaient dans toute leur noire laideur.

C'est là, dans une chambre unique, qu'habitait cette nombreuse famille. On y couchait, on y travaillait, on y mangeait les aliments que la mère avait fait cuire dans l'unique foyer.

Les parents de George Stephenson passaient pour des gens rangés, ne refusant jamais l'ouvrage, mais ayant beaucoup de peine à joindre les deux bouts. On le croit facilement. Les premières années du futur ingénieur célèbre se passèrent comme celles de tous les petits villageois, à jouer autour de la maison paternelle, ou bien à chercher des nids dans la saison.

Huit années s'écoulent, et le temps vint où le petit bonhomme pouvait déjà être utile à sa famille, pour laquelle chaque membre inoccupé était un véritable fardeau. Son premier emploi fut de garder les vaches d'une fermière voisine, autorisée à les faire paître les fossés d'une grande route mais qu'il fallait naturellement empêcher d'empiéter sur le bien d'autrui.

George obtint ce poste de confiance et, à sa grande joie, on lui promit la haute paye de vingt centimes par jour. Il s'acquitta de ses fonctions en conscience, s'y distingua même par une vigilance active et intelligente.

Déjà ses facultés naissantes se révèlent. Comme il avait sans cesse sous les yeux les machines et les pompes primitives qui servaient à exploiter le charbon, tandis que ses vaches paissaient, il construisait, avec l'argile d'un marais voisin, des modèles de celles qu'il voyait fonctionner.

Cependant les années marchent et montrent Stephenson toujours occupé à quelque travail utile, puis rapportant, chaque semaine, fidèlement un peu d'argent à ses pauvres parents. Parvenu à l'âge de quatorze ans, il se trouva au comble du bonheur lorsqu'on lui permit d'aider son père à entretenir le feu d'une machine à vapeur, servant à l'exploitation d'une houillère. Sa grande crainte était qu'on ne le trouvât trop petit pour remplir ces fonctions. Aussi, dès que le propriétaire de la mine se montrait, George se cachait avec soin, de peur d'être vu par lui et d'être congédié. Devenir chauffeur en chef, était dès lors le rêve de toute son ambition, rêve lui apparaissant comme le premier pas vers le poste d'ingénieur.

Mais George Stephenson était obligé de suivre les coutumes de la région qu'il habitait. Quand une exploitation minière était épuisée, il fallait bien en chercher une autre. De là, pour la population, des habitudes que nous pourrions appeler nomades. Aussi, trouvons-nous successivement le jeune chauffeur dans différents endroits de la contrée : partout il se distingue par son assiduité au travail, sa conduite régulière et son esprit d'invention. Il étudiait surtout la machine à vapeur dans toutes ses parties avec la plus minutieuse attention, et pour mieux se rendre compte des détails, chaque samedi, quand le travail avait cessé, il la démontait, la nettoyait complètement, et la remettait parfaitement en état de fonctionner le lundi matin. Il acquit, dans cette étude, une habileté pratique si merveilleuse que bientôt sa réputation s'étendit partout, et qu'on l'appelait pour réparer des machines lorsqu'elles se trouvaient hors de service. Ses compagnons lui donnèrent le sobriquet de *médecin des pompes à vapeur*, et Stephenson s'en fit un titre de gloire. Dans cette position, il gagnait quinze francs par semaine et se croyait riche.

N'oublions pas de dire que jamais George ne fréquentait le cabaret, qu'il rapportait toujours à ses parents le montant de son salaire. De plus, comme il n'était pas constamment obligé de surveiller la machine, il lui restait du temps pour reproduire les modèles qu'il avait vus, et ce modelage devint, à la longue, chez lui, une passion dominante. Il avait aussi entendu parler d'ouvrages publiés par des ingénieurs célèbres, où se trouvaient d'autres modèles plus parfaits, et il brûlait du désir d'en profiter. Mais comment faire? Le pauvre George ne savait pas lire, pas même l'alphabet; à cette époque, en Angleterre, c'était la condition de la plupart des ouvriers. Comment se rendre maître de cette belle science de la lecture, clef de tant d'autres sciences? Comment arriver à la connaître? Son parti fut bientôt pris. Quoique Stephenson fût déjà un homme et travaillât comme plusieurs hommes, il ne rougissait pas de son ignorance, car on ne pouvait l'attribuer à sa négligence. Bientôt il résolut de mettre de côté une petite somme chaque semaine pour prendre les leçons de lecture d'un magister du voisinage. Et ainsi fit-il.

Dans le village qu'habitait alors Stephenson était arrivé un maître d'école écossais qui ouvrit des classes du soir. C'était à deux pas de la maison de notre héros, qui s'adressa immédiatement à ce pauvre diable, car s'en était un, et il le fit avec d'autant plus d'empressement que l'instituteur avait la réputation d'être fort en calcul. Justement l'ouvrier avait grandement à cœur de faire connaissance avec cette branche spéciale de l'instruction. Un de ses compagnons, nommé Robert Gray, en voulut faire autant ; les voilà travaillant de concert sous la direction d'André Robertson, le maître en question. Mais Stephenson eut bientôt dépassé son compagnon, et il en était arrivé à la règle de trois que celui-ci bégayait encore la division des nombres entiers. « Je ne sais vraiment comment il faisait, disait plus tard l'honnête Gray, mais il avalait les chiffres comme de l'eau : c'était quelque chose d'étonnant ! » Le secret de Stephenson, c'était sa force de volonté. Il travaillait à toutes ses heures de loisir, même quand il était de service auprès de sa pompe à vapeur. Ces leçons lui coûtaient 40 centimes par semaine. En attendant, le pauvre maître d'école s'attacha si fortement à son élève que, celui-ci ayant été obligé de s'établir ailleurs, Robertson le suivit, et ouvrit auprès d'une nouvelle mine une école du soir où figuraient, bien entendu, ses deux élèves.

Je trouve ici, dans la biographie anglaise que j'ai sous les yeux, un trait charmant du caractère de

Stephenson, dans une tout autre direction. Il avait hérité de son père un goût prononcé pour les bêtes de toutes espèces ; j'en excepte cependant les bêtes humaines : donc lapins, cochons d'Inde, oiseaux surtout, il en était toujours entouré. Les moineaux et les rouges-gorges venaient becqueter jusque sur le carreau de la mine les miettes de pain que le chauffeur avait épargnées pour ses protégés sur son modeste dîner. Quant aux merles, ils ne manquaient pas, pendant l'hiver, de lui faire des visites fréquentes, mais intéressées, et s'empressaient de se percher sur son épaule. Tous les chiens du village le reconnaissaient pour un ami sûr et se groupaient autour de lui pour obtenir une caresse, aussitôt qu'il paraissait dans la rue. Mais Stephenson avait un chien à lui, qui était son favori. Celui-ci avait quelque chose du chien savant, et presque tous les jours il portait à son cou le dîner de son bon maître. Le dîner était enfermé dans une boîte de fer-blanc, et le mâtin — c'en était un — marchait très fier de son fardeau, sans s'arrêter à flâner avec des camarades, qui parfois, je dois le dire, le poursuivaient de leurs aboiements. Sa course n'était pas toujours sans péril. Un jour, par exemple, le messager de Stephenson fut aperçu par un gros chien de boucher, qui s'élança à sa poursuite et l'attaqua. Il en résulta un combat terrible, et Stephenson, qui avait faim, commençait à craindre un malheur pour son fidèle compagnon. Tout à coup, il le voit arriver de loin et couvert de sang, mais portant la tête haute en triomphateur. La boîte de fer-blanc figurait toujours autour de son cou, le dîner seul avait disparu dans la mêlée. Quoique George fût obligé de se passer de son repas ce jour-là, il se montra plus fier que jamais de son chien, surtout quand il eut appris les détails du combat, que les villageois, témoins oculaires de la lutte, s'empressèrent de lui raconter.

Stephenson se maria à la fille d'un fermier et fut le plus heureux des maris. Loin de changer sa vie, il n'en travailla qu'avec plus d'ardeur. Après le service de la mine pendant le jour, le soir, il raccommodait des souliers ou réparait des horloges. C'était toujours un petit bénéfice, qu'il employait à se procurer des livres. Puis, le dimanche, il étudiait des modèles de machines, à côté de sa chère femme. Quant au cabaret, il n'y mettait jamais les pieds, je l'ai déjà dit.

Au bout de quelque temps, Mme Stephenson eut un fils qu'on nomma Robert, d'après son grand-père. Ce fut le seul enfant né de cette union, parce que sa pauvre mère mourut bientôt après. Mais comment élever cet enfant? Comment surtout lui donner cette instruction première, qui avait si longtemps manqué à son père? Ce problème-là, le futur ingénieur voulut le résoudre à tout prix, et voici comment il s'y prit. Grâce à quelques économies péniblement amassées, il se vit à même d'envoyer le petit Robert étudier dans une ville voisine. Malheureusement, les jambes de l'enfant étaient trop faibles encore pour suffire à la course du matin et du soir. Le père lui acheta un âne, et le bambin, enfourchant maître Aliboron, cheminait allègrement le matin, puis revenait tout joyeux à la nuit tombante, au logis, où il répétait à son père les leçons du jour, ce qui permettait à Stephenson d'apprendre mille choses utiles dont il ne se doutait pas.

Mais il faut avancer, je ne puis tout raconter, et

pourtant il y a tant de choses intéressantes dans cette vie de notre ouvrier mécanicien.

Un jour, la machine dont il s'était chargé et qu'on employait à pomper l'eau de la mine, se dérangea; on fut obligé de la remplacer. La nouvelle refusa aussi de marcher : on eut recours aux ingénieurs, qui ne réussirent pas à la faire fonctionner. Stephenson demanda l'autorisation de s'en occuper. On la lui accorda sans peine, et bientôt voilà cette machine qui marche au mieux. Du coup, le propriétaire de la mine nomma ingénieur le modeste chauffeur. Du coup, aussi, sa réputation commença à se répandre, et bientôt le nouvel ingénieur put construire des machines, inventer une excellente lampe de sûreté pour les mines, s'occuper sérieusement des locomotives et des chemins de fer qui avaient toujours été son idée fixe.

Nous avons de la peine à nous faire aujourd'hui l'idée de ce qu'étaient les locomotives et les chemins de fer à cette époque. A vrai dire, on les regardait plutôt comme une curiosité scientifique que comme des inventions destinées à produire de grands résultats. Quant à des trains de voyageurs, personne n'y aurait songé; moins encore eût-on risqué de s'y aventurer. Aussi ne s'en servait-on que pour transporter des marchandises, à une vitesse de deux lieues environ à l'heure. Pour ce qui est d'augmenter cette rapidité de marche, tout ce que permettait l'imagination la plus exaltée, c'était d'atteindre une vitesse égale à celle des chevaux de poste.

Tel était l'état des choses, lorsque Stephenson entreprit de construire un chemin de fer destiné à relier deux localités industrielles d'une importance réelle, sises au nord de l'Angleterre. Grâce à l'intelligente intervention d'un riche propriétaire, une compagnie se forma, les fonds nécessaires furent réunis et il ne fallut plus qu'une loi pour autoriser l'entreprise.

Mais c'était là une grande difficulté, car avant tout il s'agissait de convaincre les députés de la possibilité de l'œuvre. George Stephenson se rendit donc à Londres pour être interrogé par la commission parlementaire chargée d'examiner l'affaire. Notez que jamais il n'avait pu concevoir l'idée de se voir ainsi appelé à parler en public. Cependant il s'en acquitta à la satisfaction de ses auditeurs : néanmoins lorsqu'il lui échappa d'affirmer que ses machines feraient six lieues à l'heure, il s'éleva aussitôt une clameur générale, et plus d'un député s'écria : « Il est décidément fou ! n'en croyez donc pas un fou ! »

Et pourtant, la loi, d'abord rejetée, fut enfin votée et le chemin de fer construit, les trains de voyageurs furent lancés avec succès, et les six lieues à l'heure atteintes ; bref, le projet réussit parfaitement.

La ligne en question devait relier entre elles trois villes des plus importantes de l'Angleterre : Liverpool, centre du commerce du coton avec l'Amérique ; Manchester, grand centre de filature de coton, et enfin la cité de Londres, la capitale gigantesque des États britanniques. La compagnie nomma Stephenson directeur de l'entreprise, et sous-directeurs, trois ingénieurs très distingués. Notre ex-chauffeur mécanicien fut obligé d'abord de créer le matériel énorme si nécessaire pour construire le chemin de fer, puis former une véritable armée d'ouvriers pour y travailler, car tout était à faire. Stephenson vainquit ces difficultés à force de persévérance et d'activité inouïes ;

son esprit d'organisation étonna les plus habiles en ce genre.

Un peu plus tard, le gouvernement anglais offrit un prix à l'inventeur d'une locomotive ayant une vitesse de trois lieues à l'heure, quoique chargée d'un poids prodigieux. Stephenson se mit à l'œuvre et construisit une locomotive qu'il baptisa du nom de *Fusée*. Au signal donné, la *Fusée* partit avec son fardeau et fit bel et bien ses six lieues à l'heure ; naturellement elle remporta le prix et, de ce jour, le ci-devant chauffeur n'eut pas son pareil en Angleterre. Les commandes de chemins de fer lui arrivèrent successivement, non seulement dans son pays, mais en France, en Belgique et ailleurs, sa réputation était faite, sa fortune en train de se faire. Mais ce qui me frappe dans cet homme de génie et de haute probité, c'est que jamais il ne voulut prêter son nom à de folles spéculations ; c'est que tout ce qu'il entreprenait, il le faisait dans la limite du possible et avec une certitude presque absolue des résultats.

Autre trait caractéristique du créateur des chemins de fer : jamais non plus Stephenson n'oublia son point de départ. Au contraire, il se plaisait à le rappeler aux nombreux ouvriers qu'il employait, et qui venaient volontiers lui demander conseil sur leurs affaires. « Voici ma devise, leur disait-il : PERSÉVÉRANCE. Dans ma jeunesse, j'ai enduré bien des misères ; j'étais très pauvre, ma femme était morte, mon vieux père aveugle et sans ressources, mon fils trop petit pour pouvoir m'aider dans le travail. En dépit de tout, j'ai travaillé, j'ai étudié, j'ai persévéré, et vous voyez où j'en suis aujourd'hui. » Quand Stephenson prononçait ces paroles, il avait gagné honorablement une fortune de quinze cent mille francs dont il employait non moins honorablement une partie pour bâtir et doter une charmante école primaire dans sa ville natale, et pour créer d'autres institutions de bienfaisance ou de secours au profit des populations ouvrières.

Stephenson mourut en 1848, et l'Angleterre l'inscrivit parmi ses grands hommes. Son tombeau se trouve dans l'abbaye de Westminster, au milieu des plus hautes illustrations du pays, et la ville de Newcastle lui a élevé une statue.

Son fils Robert, grâce à l'excellente éducation scientifique qu'il lui avait procurée, put facilement le surpasser dans des entreprises gigantesques et heureusement terminées.

Que dites-vous de ce que peut la vertu de *force* persévérante?

Si George Stephenson s'était abandonné comme tant d'autres, il serait aussi, comme tant d'autres, mort pauvre et obscur; mais il persévéra jusqu'à la fin et réussit à vaincre la mauvaise fortune.

Mes enfants, tâchez tous d'en faire autant!

QUESTIONNAIRE. — Quelle est la seconde vertu morale qui s'applique surtout à nous-mêmes? (La force.) — Quelle est ici la signification du mot *force?* — En indiquer les synonymes principaux. — Comme exemple de force et d'énergie extraordinaire, raconter par écrit la vie de George Stephenson.

FRANKLIN

Voilà une histoire bien longue, et pourtant j'en ai encore une autre en réserve que je ne puis vraiment m'empêcher de vous conter, tellement elle s'applique au sujet qui nous occupe. Cette fois il s'agit, non plus d'un Anglais, mais d'un Américain qui porta au plus haut degré la vertu de la *force*.

En l'année 1700 naquit à Boston, ville de l'Amérique septentrionale, alors colonie de l'Angleterre, un enfant qu'on appela Benjamin Franklin. Son père était un simple ouvrier, gagnant un modeste salaire à peu près suffisant pour lui-même et sa famille. Le petit Benjamin devint imprimeur ; et grâce à ses aptitudes naturelles, jointes à une rigoureuse économie, il réussit à acquérir une fortune considérable et une réputation bien méritée. Cependant, lorsque Franklin n'était encore qu'adolescent, il s'aperçut qu'il avait de très grands défauts et que, s'il ne les corrigeait, il courait grand risque de devenir un mauvais sujet. Cette perspective le frappa vivement ; mais comme il était doué d'une volonté très énergique, il prit la résolution de se débarrasser de ses fâcheuses dispositions. Comment faire ? En y réfléchissant sérieusement, il se dit : « Si je combats mes mauvais penchants l'un après l'autre, et que je m'efforce d'acquérir peu à peu la vertu opposée, je finirai par avoir raison de tous mes ennemis intimes. » Et voilà Benjamin à l'œuvre. Mais, pour être plus sûr de son fait, il se procura un carnet où il inscrivit, jour par jour, ses progrès ou ses défaillances dans la conquête des vertus morales qui lui manquaient. Ce carnet, comme d'autres ouvrages de Franklin, a été publié plus tard, et voilà pourquoi je puis vous lire l'extrait suivant, qui se rapporte parfaitement au sujet qui nous occupe :

« Voyons d'abord combien de vertus me manquent.
» J'en trouve treize : la Tempérance, le Silence,

l'Ordre, l'Économie, le Travail, la Sincérité, la Justice, la Modération, la Propreté, la Tranquillité, la Chasteté, l'Humilité.

» Puis-je acquérir toutes ces vertus à la fois? Non; ce serait impossible.

» Tâchons donc de les acquérir l'une après l'autre, en commençant par celles qui me rendront les autres moins difficiles.

» Par exemple, si je suis tempérant, je serai moins bavard, je garderai mieux le silence et aussi mon argent; j'aurai plus d'ordre et plus de suite dans mon travail.

» Commençons donc par la vertu de tempérance.

» Ce n'est pas tout. Quels moyens emploient les marchands qui veulent mettre de l'ordre dans leurs affaires? Tous les soirs ils font leur caisse, c'est-à-dire ils examinent quelles ont été dans la journée leurs dépenses et leurs recettes; ils voient par là s'ils sont en perte ou en gain.

» J'en ferai autant : chaque soir j'examinerai mon âme, je verrai quelles fautes elle a commises, ce jour-là, contre la vertu spéciale que je désirerai pratiquer.

» Ces fautes, je les noterai sur un petit cahier, je les noterai d'une manière bien simple : pour chaque faute, un trait noir au crayon.

» Le résultat, ajoute-t-il, dépassa mes espérances. Le premier jour, j'avais sur mon cahier dix traits noirs; le lendemain, je n'en avais plus que huit; le surlendemain, six, et ainsi de suite.

» Je finis, grâce à Dieu, par devenir un homme qui n'avait plus à rougir de lui-même.

» C'est à ce moyen, et aussi à l'aide de Dieu, que

j'ai dû le bonheur constant de toute ma vie, jusqu'à ma soixante-dixième année, dans laquelle j'écris ces pages (1). »

Voilà, certes, mes bien-aimés élèves, un exemple qu'il vous sera facile de suivre. Procurez-vous chacun votre petit cahier, et, comme Franklin, prenez-vous corps à corps avec chacun de vos défauts, l'un après l'autre ; puis notez fidèlement, jour par jour, vos progrès comme vos manquements. Quant à votre mode d'annotation, choisissez celui qui vous conviendra : une raie noire, une croix, un chiffre ou tout autre signe, peu importe. L'essentiel, c'est que vous vous rendiez compte des résultats journaliers de la lutte que vous aurez entreprise contre vos défauts.

Allons, qui sera le premier à faire son cahier, et qui sera le premier à m'apporter ce cahier, où sera constaté l'examen quotidien ?

En attendant, pour vous récompenser du vif intérêt que vous avez montré en apprenant cette première partie de l'histoire de Franklin, je veux achever de vous la raconter : vous verrez qu'elle mérite d'être connue.

Le jeune ouvrier devenu imprimeur avait gagné peu à peu, dans sa profession, une fortune considérable. Ses concitoyens avaient déjà les yeux fixés sur lui et, en 1736, commença sa vie publique : il fut élu pour les représenter dans une assemblée générale réunie à Philadelphie, pour traiter des intérêts de la colonie.

(1) Si Franklin avait peut-être trouvé à lui seul l'idée de cet examen, à coup sûr il ne l'avait pas inventé le premier. L'*examen particulier* et *quotidien* des défauts est une pratique bien connue de la piété chrétienne, et, presque trois cents ans plus tôt, nous le rencontrons dans les *Exercices spirituels*, sous une forme presque identique à celle que plus tard Franklin devait s'imposer.

Franklin s'y distingua par son rare bon sens et par ses éminentes qualités de discussion. Aussi, lorsqu'en 1764, les colonies anglaises eurent des démêlés avec la Mère-Patrie, elles l'envoyèrent défendre leur cause en Angleterre. Là il s'efforça, en véritable patriote, de détourner les ministres anglais des mesures acerbes et maladroites que ceux-ci se proposaient de prendre contre les colons. Malheureusement il ne réussit point dans ses efforts, et retourna bientôt dans sa patrie, où il prit une part active dans la lutte ardente qui ne tarda pas à éclater, et qui aboutit à l'indépendance des États-Unis. Pour le récompenser de son dévouement, on le nomma député à la première assemblée fédérale, qui se réunit en 1776 à Philadelphie. Il s'y fit remarquer de nouveau par sa sagesse et sa modération. La constitution nationale fut l'œuvre de ce premier congrès ; Franklin prit une part considérable à sa rédaction, qui ne fut achevée, après de nombreux remaniements, qu'en 1786.

Cependant, entre ces deux dates, ses compatriotes ne crurent pouvoir mieux choisir, pour le poste d'ambassadeur en Europe, que l'ex-imprimeur de Boston. Dans ces nouvelles fonctions, il déploya une grande habileté et notamment en France, où il négocia et conclut un traité d'alliance avec notre patrie, et où il étonna tout le monde par sa rare sagacité comme diplomate. Enfin en 1783, Franklin signa, avec l'Angleterre, le traité qui mit fin à la guerre et assura l'indépendance des Etats-Unis.

N'oublions pas un dernier trait du caractère de ce célèbre Américain. Il était passionné pour les sciences naturelles, mais surtout pour la physique, dans plusieurs branches de laquelle il se montra un observateur consommé. Ses études sur l'électricité le conduisirent à inventer le paratonnerre. Enfin Benjamin Franklin mourut en 1790, honoré et aimé de tous ses compatriotes.

Vous le voyez, la vie de cet homme illustre nous offre un rare exemple de ce qu'on peut faire pour vaincre des défauts et acquérir des vertus, si l'on s'y applique énergiquement. Qu'importe le procédé, pourvu qu'on arrive au but? Mais il faut vouloir, vouloir et encore vouloir. Les grands hommes sont des exceptions sans doute : ils sont faillibles, souvent faibles comme nous, et si Dieu leur accorde le génie, le secret de leur supériorité se trouve surtout dans l'énergie de leur volonté.

Donc, mes amis, en finissant, je vous dirai : appliquez-vous d'abord à conquérir leur force de volonté ; le reste viendra peut-être après.

QUESTIONNAIRE. — Combien de vertus morales sortent de la loi naturelle, et comment les anciens les appelaient-ils? — Quelle différence y a-t-il entre la vertu et les qualités naturelles? — Quels sont les moyens principaux à employer pour acquérir la vertu? — Raconter l'histoire de Benjamin Franklin, et indiquer surtout les procédés dont il usa pour vaincre ses défauts.

3° DEVOIRS ENVERS LA NATURE EXTÉRIEURE

Voilà un mot que, certes, vous êtes étonnés de m'entendre prononcer. Comment! nous avons encore des devoirs à remplir envers la nature extérieure? Mais, oui. Regardons autour de nous, que voyons-nous? Une foule d'objets ou d'êtres : les uns animés, vivants; les autres inanimés, inertes, qui attirent notre attention ou nous saisissent, pour ainsi dire, sous toutes les formes. Cet ensemble d'êtres, nous le désignons d'un mot : la Nature.

Au fond, pour qui est faite cette nature? Pour elle-même ou pour nous? Evidemment pour nous. Donc, ce que nous devons à cette nature, c'est dans notre propre intérêt, pour notre profit. C'est un devoir analogue à celui que nous sommes obligés de remplir pour la conservation de notre corps. Tenez, je pourrais appeler, non sans raison, la nature qui nous entoure un immense prolongement de nos membres et de nos sens. Et voilà précisément la raison pourquoi nos devoirs envers la nature sont identiques, dirai-je cette fois, à nos devoirs envers nous-mêmes.

Quelques remarques rapides à ce sujet. En premier lieu, certains animaux que nous appelons domestiques deviennent instinctivement les auxiliaires de l'homme dans beaucoup de directions diverses. Or, comme il est d'accord avec la dignité de l'homme d'améliorer sa vie matérielle, de lui consacrer des soins modérés, mais constants, il n'est pas moins conforme à cette même dignité de développer et de perfectionner les races d'animaux dont il se sert. Vous qui vivez à la campagne, vous en avez sans cesse des exemples sous les yeux. Voyez le père de votre camarade, Leblond; il passe dans tout le pays pour un excellent agriculteur, et, depuis plusieurs années, ses produits sont invariablement couronnés dans nos comices agricoles. Il y a des gens qui en sont étonnés; d'autres même, m'a-t-on dit, en sont jaloux. Quant à moi, je ne suis nullement surpris de ces succès, car j'ai étudié de près les procédés et les méthodes de M. Leblond. Oui, pendant les vacances, mes enfants, il m'est arrivé souvent de visiter les étables et les écuries de notre

9.

intelligent voisin. Que de soins, que d'attentions on prodigue à leurs habitants ! Comme on s'étudie à leur donner, et la quantité exacte, et la qualité nécessaire de nourriture qui convient à leur bonne santé ! et partout quelle propreté exquise ! La litière renouvelée deux fois par jour, l'eau courant en abondance pour le nettoiement et l'enlèvement du fumier ; de grandes ouvertures pour faciliter le renouvellement de l'air, rien n'est oublié.

Mais ce n'est pas tout. Les serviteurs et les journaliers de M. Leblond sont conduits absolument de la même manière : on les traite bien, à la condition qu'ils traitent bien les bêtes dont ils sont chargés. Très rarement, les charretiers ou les valets de charrue emploient le fouet pour conduire leurs attelages ; ils les dirigent de la voix ou du geste. Aussi croirait-on vraiment que ces bonnes et vigoureuses bêtes sont sensibles aux soins dont ils sont l'objet, car, quand il faut donner un fort coup de collier, elles ne s'épargnent certes pas. J'ai vu à cet égard des choses étonnantes.

A prendre dans son ensemble ce régime si intelligent, on peut dire que M. Leblond remplit admirablement ses devoirs envers la nature extérieure. Mais qui en profite, je vous prie ? C'est M. Leblond lui-même, et vous avouerez qu'il en a bien le droit. Il agit conformément à sa qualité d'homme, pour des fins morales et non exclusivement pour amasser ici-bas des richesses. Au fond, il suit la règle que nous devons appliquer à notre propre corps : s'en servir pour le bien. Bêtes et gens sont également heureux chez lui.

Cet exemple me rappelle, mes amis, un pays voisin

de nous, l'Angleterre, où les devoirs envers la nature extérieure sont remplis avec un soin minutieux. L'étranger qui y débarque est tout surpris de voir comment on y traite les animaux. Le cocher de fiacre, juché sur son siège, n'a guère l'idée de stimuler l'ardeur de ses petits chevaux par des coups de fouet donnés à tour de bras. J'en dis autant du charretier qui conduit une grosse voiture. La voix lui suffit. A tous deux, d'ailleurs, mal leur en prendrait s'ils s'avisaient de maltraiter les animaux qui leur sont confiés : ils se verraient probablement abordés par un passant qui, prenant avec lui deux témoins de cet acte de cruauté, les mènerait tout droit devant le magistrat, lequel les condamnerait bel et bien, séance tenante, à une forte amende. Pourquoi cette sévérité? Aux yeux de l'Anglais, c'est 1° une lâcheté de sévir contre de pauvres bêtes qui ne peuvent se défendre contre l'homme; 2° c'est une sottise qui tourne tout au détriment du propriétaire. Voilà ce qu'a produit pour la protection des animaux une bonne loi soutenue par les mœurs. Cette loi existe aussi en France, mes amis, la loi Grammont : malheureusement elle est à peine appliquée.

Une dernière question avant de finir. Vous qui m'écoutez, êtes-vous toujours pleins d'humanité pour les animaux que vous rencontrez dans vos familles ou ailleurs? Ne vous arrive-t-il jamais de les taquiner, pis encore, de les torturer au besoin, sous prétexte de les faire obéir? Par ces mauvais traitements, ne les rendez-vous pas quelquefois irritables, défiants, vicieux ; et sans vous en douter, je veux bien le croire, n'en faites-vous pas des instruments indociles ? La raison en est simple : vous n'accomplissez pas vos devoirs envers cette même nature extérieure, et ainsi vous ravalez votre dignité d'homme.

Ici se termine ce que j'avais à vous dire sur la morale individuelle. Nos séances précédentes ont été remplies par les devoirs de l'homme envers soi-même, tant sous le rapport de son âme, que sous celui des devoirs qui lui incombent pour la conservation de son corps, et ceux qu'il a envers la nature extérieure. A ce point de vue, je vous ai donné des exemples frappants. De ces diverses obligations morales naît aussi, pour nous tous, la nécessité d'acquérir certaines vertus ou qualités, telles que la propreté, la tempérance, telle encore que la force ou l'énergie persistante, qui nous permet de remplir dignement et constamment dans la vie les devoirs à nous imposés, et par la loi naturelle, et par Dieu, source de toute morale. Tâchez, mes chers enfants, de profiter de ces divers enseignements.

Dans la prochaine leçon nous aborderons les devoirs envers nos semblables.

QUESTIONNAIRE. — Que faut-il entendre par devoir envers la nature extérieure? — Pour qui la nature est-elle faite? — Comment peut-on définir les êtres créés à l'usage de l'homme? — Pourquoi devons-nous bien traiter les animaux? — Pourquoi l'homme doit-il s'efforcer d'améliorer la condition des êtres dont il profite pour son usage particulier? — Dans quel pays de l'Europe les animaux sont-ils l'objet d'une protection particulière? — En donner des exemples.

MORALE SOCIALE OU DEVOIRS DE L'HOMME ENVERS SES SEMBLABLES

1° DEVOIRS DE L'HOMME EN GÉNÉRAL

La Justice.

M. Bernard. — Pour commencer notre séance d'aujourd'hui, je vais poser une question à l'un d'entre vous, mes chers enfants, et je l'adresserai à un de vos camarades nouvellement arrivé parmi nous. J'ai déjà remarqué l'attention soutenue qu'il porte à nos diverses leçons. Dites-moi, mon cher Charles Lebeau, pourriez-vous vivre tout seul, sans compagnie, sans camarades, sans amis, sans parents, livré, en un mot, à votre propre énergie, à vos propres efforts pour vous soutenir ?

Charles Lebeau. — Ce serait bien difficile, monsieur, et je courrais grand risque de mourir de faim. Après tout, cependant, je pourrais chasser, pêcher, et manger ainsi la chair des animaux que j'aurais tués. Et puis, les fruits sauvages, je n'aurais qu'à les cueillir. Il y a eu des hommes, dit-on, qui ont vécu ainsi dans des îles désertes.

M. Bernard. — Allons, mon cher Charles, je vois que vous êtes un homme de ressources ; et puis vous pensez un peu à Robinson Crusoé dans son île, n'est-ce pas ? Mais en supposant même que toutes les histoires de ce genre soient vraies, ce qui n'est pas prouvé, ces hommes étaient des hommes faits et avaient vécu dans des sociétés civilisées, où ils avaient appris des métiers. Ensuite, après avoir végété quelque temps assez misérablement dans leur état d'abandon, on les voit toujours rendus, en fin de compte, à la société dont ils avaient été séparés. Mais vous, mon enfant, vous n'êtes pas encore un homme, et comment vous y seriez-vous pris, par exemple, pour faire cuire vos poissons ou vos bêtes tuées?

Charles Lebeau. — J'aurais allumé du feu, monsieur, avec du bois mort.

M. Bernard. — Passe encore : voilà votre feu allumé, mais dans quelle casserole ou quel poêlon feriez-vous cuire votre dîner?

Charles Lebeau. — Ça, c'est vrai, monsieur, je n'y avais pas pensé.

Et l'enfant se mit à se gratter la tête d'un air embarrassé.

Ce voyant, ses camarades se prirent à rire.

M. Bernard poursuivit : Pourquoi vous ai-je fait cette question bizarre? C'est pour vous montrer que nous ne pouvons nous passer de nos semblables, avec lesquels nous échangeons sans cesse des services ; car enfin, pour se procurer une casserole ou un poêlon, il faut l'acheter chez le marchand. L'homme est donc fait pour vivre en société : sans elle, pourrait-on dire, il n'est qu'à moitié homme. Ses besoins, ses penchants, ses facultés ne sont satisfaits ou ne se développent réellement que dans la société.

Mais alors, de cette situation même, de ces rapports nécessaires avec ses semblables, il naît pour l'homme des devoirs, les uns généraux, les autres particuliers. Si nous nous regardons comme membres d'une grande société, la société française par exemple, il existe pour nous toute une série de devoirs que chacun est obligé de remplir vis-à-vis des autres Français ou de ses semblables : on les appelle devoirs *généraux*, comme obligeant tout le monde.

Cependant, dans une grande société, il existe aussi des groupes, des associations que nous appelons tantôt des professions, tantôt des métiers ; et alors, entre les divers membres de ces groupes ou associations, il se forme des rapports et des devoirs *particuliers*. En troisième lieu, entre les hommes d'un même pays qui n'ont pas de profession, il y a aussi des rapports d'où naissent des devoirs d'homme à homme.

Or, ce que je viens de vous dire pour notre société française, s'applique également au genre humain tout entier. Oui, le genre humain tout entier est soumis nécessairement à des *devoirs réciproques*. Voyons d'abord quels sont les devoirs envers l'homme en général.

Voici deux préceptes que vous connaissez déjà :

Ne fais pas à autrui ce que tu ne voudrais pas qu'il te fût fait à toi-même.

Fais à autrui ce que tu voudrais qu'il te fût fait à toi-même.

Où donc l'homme trouve-t-il la mesure de ses rapports avec ses semblables ? Dans sa conscience, qui lui prescrit de faire exactement aux autres tout ce qu'il attend d'eux à son égard. En d'autres termes, comme il demande pour lui-même l'équité et la *justice* qui, à ses yeux, constituent un *droit*, la même justice exige de cet homme qu'il la pratique rigoureusement à l'égard des autres ; qu'elle constitue aussi, à ses yeux, un devoir moral. Voilà pour le premier précepte : *Ne fais pas à autrui ce que tu ne voudrais pas qu'il te fût fait à toi-même.* Ainsi, la justice est le premier devoir que nous avons à pratiquer vis-à-vis de nos semblables. Nous devons aussi y ajouter une seconde vertu, la *bienfaisance* ou la charité, et qui répond à l'autre précepte : *Fais à autrui ce que tu voudrais qu'il te fût fait à toi-même*. Nous en parlerons plus tard : arrêtons-nous pour le moment à la Justice.

D'abord, que faut-il entendre par ce mot ? La définition en est bien simple : *Rendre à chacun ce qui lui est dû*. Cela veut dire, que tous nos devoirs relatifs à la justice correspondent à des droits chez ceux qui en sont l'objet. En effet, si je cherche le sens rigoureux du terme *justice*, je trouve qu'il signifie le *respect du droit*.

Et, sous ce mot de *droit* lui-même, qu'est-ce que je trouve encore ? C'est que l'idée qu'il renferme naît et se développe dans notre intelligence parallèlement à celle du devoir. La notion d'un devoir rempli ou à remplir suscite en nous celle d'un droit acquis, d'une récompense, sous une forme ou sous une autre. Les deux ont leur origine dans notre liberté, laquelle nous prescrit d'accomplir notre destinée morale.

Ici, écoutez-moi bien, mes petits enfants. Voyez les conséquences qui résultent de ce que je viens de vous dire. Si l'homme a pour *devoir* de *faire le bien*, il doit l'*accomplir librement*. Dès lors, il a le droit d'être respecté dans l'exercice de sa liberté, toutes les fois que cette liberté ne porte pas atteinte à la liberté de ses semblables. Ainsi, sa personne, aux yeux de la loi, sera sacrée, inviolable comme la loi elle-même. Mais s'il en est ainsi pour ma personne, il doit en être ainsi des autres êtres qui, comme moi, ont été créés libres. Ce droit que je possède, ils l'ont également.

Voilà donc une première conséquence qui ressort,

et de l'idée de justice, et de l'idée de droit. L'homme crée des objets, fruits de son labeur et de son intelligence. Il possède des terres qu'il cultive et féconde ; il invente une foule de choses, en vertu de sa liberté d'homme. Eh bien, tout cela, il a le droit de le posséder, d'en disposer à son gré, par conséquent, de faire des contrats, d'acheter, de vendre, etc. : ces exemples peuvent varier à l'infini. Tous ces droits, moi, homme, moi, citoyen, je puis les réclamer et en user dans une société réglée, à la condition, bien entendu, d'accorder aux autres les mêmes libertés, les mêmes droits, en tant que, des deux parts, nos droits réciproques n'empiètent jamais les uns sur les autres.

Tout ce qui précède sur la pratique de la justice, sur nos devoirs et sur nos droits dans la société, devoirs et droits qui existent sous n'importe quelle forme de gouvernement, paraît bien simple, bien facile à réaliser, pourvu que chacun y mette du sien. Dans la pratique, les choses ne se passent nullement de la sorte. On dirait même que le mal est toujours aux aguets pour empêcher le bien. Voyez plutôt. Si l'application du précepte : *Ne fais pas à autrui ce que tu ne voudrais pas qu'on te fît*, était aussi facile qu'elle semble au premier abord, comment expliquer les crimes nombreux, les atteintes sans fin contre ce que nous nous accordons à considérer comme un droit inviolable et sacré ? La plupart des passions humaines n'ont guère pour but, en fin de compte, que de s'attaquer à la liberté et aux droits d'autrui. Soyons donc sur nos gardes de peur de glisser sur cette pente. Pour mieux y réussir, mes amis, cherchez entre vous et jusque dans cette école, à respecter vos droits mutuels, car vous êtes vous-mêmes un monde en miniature Il y a, en effet, bien des manières de pratiquer la justice envers nos semblables. Ainsi : rendre le mal pour le bien, c'est de l'ingratitude, vice affreux, digne du mépris des honnêtes gens. Par malheur, il est plus fréquent qu'on ne le pense parmi les enfants, car, hélas ! combien y en a-t-il qui payent d'ingratitude les tendres soins de leurs parents, en suivant leurs mauvais penchants, leur esprit de désobéissance, ou leur paresse incorrigible ! Ils sont loin de pratiquer la justice, ces enfants-là ! Ne leur ressemblez pas.

Une autre façon, pour vous, de pratiquer cette vertu, c'est de ne jamais faire du mal à ceux qui ne vous en ont pas fait. Ici encore, la violation de la loi de justice pénètre fort souvent parmi les enfants. N'en avez-vous jamais vu qui s'acharnent à persécuter, à tourmenter même un camarade, lequel, grâce à une bizarrerie de caractère, ou simplement à un défaut de formes, devient la victime des autres? Voudriez-vous qu'on vous fît la même chose? Non : alors, pourquoi le faites-vous ? Comme cette manière d'agir est loin du précepte !

En voilà assez sur ce sujet, non qu'il soit épuisé, il s'en faut, certes ; mais pour finir et reposer un peu votre attention, je vais vous citer un trait charmant de la vie de Bayard, le chevalier sans peur et sans reproche, que vous connaissez bien. Ce trait nous le montre pratiquant la justice vis-à-vis du prochain avec une délicatesse et une générosité qui nous touchent encore à la distance de trois siècles. J'ai connu un homme éminent à qui les larmes ont jailli des yeux en le lisant.

Vous jugerez vous-mêmes s'il n'avait pas raison.

D'abord quelques mots sur les premières années de Bayard.

RÉCIT. — LE CHEVAVIER BAYARD

Le bon Chevalier naquit en Dauphiné, au château de Bayard, en 1476, et donna de bonne heure d'admirables exemples de soumission et d'obéissance envers ses parents. De bonne heure aussi, il se prit d'un ardent amour pour les livres de chevalerie qui racontaient les hauts faits de nos anciens preux. Il n'avait pas dix ans que déjà il se faisait remarquer par la douceur de son caractère et par son habileté aux exercises du corps, comme il convenait au fils d'un gentilhomme de cette époque. Le soir venu, sa mère, femme pieuse, l'endormait en lui contant les belles histoires de la Bible, ou les belles actions de ses aïeux.

L'âge arriva pour le jeune Bayard de quitter la maison paternelle et d'entrer au service militaire. Sa mère lui donna, en partant, de sages conseils dont il se souvint toujours, et en même temps, pour l'accompagner et veiller sur lui, un serviteur dévoué qui, après la mort de son jeune maître, en écrivit la vie en termes si touchants que le livre est resté classique, comme un modèle du vieux français non moins que comme un modèle de fidélité et d'attachement pour celui qui avait été confié à ses soins. C'est de ce livre, mes chers enfants, que je tire un exemple de la façon dont Bayard rendait le bien pour le bien.

Les Français faisaient la guerre en Lombardie et Bayard se trouva présent à la prise de Brescia, où il fut gravement blessé. Ses archers le portèrent dans une maison dont le propriétaire et ses deux filles lui donnèrent les plus grands soins. Le bon chevalier finit par guérir et, à peine rétabli, il voulut *retourner à la bataille,* comme dit son serviteur. Mais les coutumes du temps étaient très rigoureuses à l'égard des vaincus : aussi la pauvre dame du logis se regardait, elle, son mari et ses enfants, comme prisonniers de Bayard. Maintenant lisons le récit du *loyal serviteur :*

« Tout ce que nous avons ici lui appartient s'il veut le prendre, se disait-elle; mais comme il est homme de bien et de gentil cœur, peut-être qu'il se contentera de quelque présent honnête. Le matin du jour que le bon chevalier devait déloger, son hôtesse, avec un de ses serviteurs portant une boîte d'acier, entra dans sa chambre. Elle se jeta à deux genoux, mais aussitôt il la releva. Elle lui fit un discours ému pour le remercier d'avoir protégé sa maison et le supplia d'accepter ce léger présent. Alors, elle ouvrit la boîte devant le bon chevalier qui la vit pleine de beaux ducats (1). Le gentil seigneur qui jamais en sa vie ne fit cas d'argent, se prit à rire et puis dit :

» — Madame, combien de ducats y a-t-il dans cette boîte ?

» La pauvre femme eut peur qu'il fût courroucé d'en voir si peu, et lui dit : — Monseigneur, il n'y a que deux mille cinq cents ducats; mais si vous n'êtes content, nous vous en trouverons plus largement. Alors il dit : — Par ma foi, Madame, quand vous me donneriez cent mille écus, vous ne m'auriez pas fait tant de bien que de la bonne chère que j'ai eue ici, et des bons soins que vous m'avez donnés. De vos ducats je n'en veux point et vous remercie; reprenez-les ! La bonne dame, bien étonnée, le supplia d'accepter son présent. Quand le bon chevalier la vit aussi ferme, et qu'elle faisait le présent d'un cœur aussi résolu, il lui dit : — Bien donc, Madame, je le prends pour l'amour de vous, mais allez-moi chercher vos deux filles, car je leur veux dire adieu.

» La pauvre femme qui pensait être au paradis de ce que son présent avait enfin été accepté, alla chercher ses filles, lesquelles étaient fort belles, bonnes et bien enseignées, et avaient donné

(1) Le ducat de Florence valait alors 25 à 30 francs.

du passe-temps au bon chevalier, durant sa maladie, parce qu'elles savaient fort bien chanter, jouer du luth et de l'épinette, et fort bien besogner à l'aiguille. Elles arrivées se jetèrent à genoux, mais furent aussitôt relevées. Le bon chevalier, quasi-larmoyant leur dit : — Mesdemoiselles, vous faites ce que je devrais faire, c'est de vous remercier de la bonne compagnie que vous m'avez faite dont je me sens fort tenu et obligé. Vous savez que gens de guerre ne sont pas volontiers chargés de beaux ouvrages pour présents aux dames; pour ma part, il me déplaît fort de ce que je n'en suis pas bien garni pour vous en faire présent comme j'y suis tenu. Voici votre dame de mère qui a donné deux mille cinq cents ducats que vous voyez sur cette table ; je vous en donne à chacune mille, pour aider à vous marier, et pour ma récompense, vous prierez, s'il vous plaît, Dieu pour moi ; je ne vous demande pas autre chose.

» Il leur mit les ducats en leur tablier, bon gré, mal gré, puis s'adressa à son hôtesse à laquelle il dit : — Madame, je garderai ces cinq cents ducats à mon profit, pour les départir aux pauvres couvents de dames qui ont été pillés, et je vous en donne la charge ; car vous entendrez mieux que tout autre où sera la nécessité, et sur cela je prends congé de vous.

» Elles se mirent à genoux, pleurant si fort qu'il semblait qu'on les voulait mener à la mort. Lors dit la dame :

» Fleur de chevalerie à qui nul ne se doit comparer, le béni Sauveur et Rédempteur Jésus-Christ, qui souffrit mort et passion pour tous les pécheurs, vous en veuille récompenser en ce monde et dans l'autre. »

QUESTIONNAIRE. — Quels sont nos devoirs de justice ? — Comment peut-on résumer ces devoirs ? — Donner des détails sur la façon dont nous devons comprendre ces devoirs. — Quelles sont les diverses manières de pratiquer la justice ? — En donner quelques exemples. — Raconter comment le chevalier Bayard pratiqua la justice envers les personnes qui l'avaient soigné pour une blessure reçue devant Brescia.

LES VERTUS (suite)

BIENFAISANCE OU CHARITÉ OBLIGATOIRE

Fais à autrui ce que tu voudrais qu'il te fût fait à toi-même : voilà le second grand précepte de la charité sociale. Le premier, vous le savez, regarde la Justice.

Etre juste, c'est, nous l'avons dit dans notre dernière leçon, ne porter aucune atteinte aux droits d'autrui. A vrai dire, ce précepte est une défense plutôt qu'un ordre. Il est négatif plutôt que positif. Aussi, ne nous présente-t-il que la moitié de la loi. A la Justice vient se joindre la Bienfaisance, ou, en d'autres termes, la Charité. Et ce devoir n'est pas moins obligatoire que l'autre : seulement, il n'entraîne pour celui qui en est l'objet aucun droit correspondant. C'est là une différence fondamentale dans le caractère des deux vertus sociales dont nous parlons : la Justice et la Charité.

Quel est donc le caractère de cette dernière vertu ?
Nous tous qui sommes ici présents, nous trouvons chacun dans notre cœur un mo' puissant, je dirais volontiers un instinct, qui nous porte à venir au secours de nos semblables, à soulager leurs misères, leurs souffrances. Quand nous faisons un acte de charité de ce genre, nous ressentons au dedans de nous une douce satisfaction, qui est déjà une récompense. Mais un penchant, un instinct n'est pas une vertu, n'est pas l'accomplissement d'un devoir. Or, une jouissance morale suppose nécessairement l'accom-

plissement d'un devoir. Dès lors si la bienfaisance est obligatoire, elle a son origine, non dans la sensibilité qui est plus ou moins le résultat du tempérament de l'individu, mais elle repose sur une notion morale. Je vais tâcher de bien vous expliquer ce point de vue particulier ; de votre côté, efforcez-vous de me prêter toute votre attention.

Voici une grande société humaine à laquelle on donne le nom de *Nation*, la Nation Française, si vous voulez. Comment apparaît-elle à nos yeux ? Semblable à un corps dont toutes les parties, soudées et reliées ensemble, concourent à une fin, à une destinée commune. C'est absolument comme vous autres, mes amis, qui formez ici un petit corps, dont vous êtes chacun une partie, concourant à une fin commune, celle d'acquérir une bonne éducation. Eh bien, dans la grande société, pas plus que parmi vous, ses membres ne doivent se considérer comme étrangers les uns aux autres, et croire qu'ils ont rempli leurs devoirs respectifs, dès qu'ils ne cherchent pas à se nuire, à porter atteinte à leurs droits respectifs. Il n'y a de société possible, même parmi vous, qu'à la charge de se rendre de bons offices et des services mutuels. Si chacun faisait de lui-même un centre, voulait séparer sa destinée de celle de ses semblables, la société tomberait bientôt en ruines.

A vrai dire, nous serions alors comme une bande de loups cherchant à dévorer leur proie.

Voilà donc l'idée première qui découle de celle d'une société quelconque; d'où dérivent la notion et le devoir de la bienfaisance tout naturellement. Vous allez voir comment.

Quel est le devoir d'une créature libre et raisonnable ? C'est d'employer toutes les facultés que Dieu lui a données à faire autant de bien que possible, suivant les circonstances ou la position où elle est placée. Elle doit donc chercher à imiter la bonté de Dieu, qui se répand sur ses créatures, et qui fait tout converger vers l'ordre général de l'Univers. Les hommes sont forcés d'avoir toujours un certain commerce, de certains rapports les uns avec les autres. D'où il résulte nécessairement que le fondement et l'âme de la société entière, c'est l'amour mutuel et la bienveillance réciproque que ses membres se portent entre eux. On pourrait dire en toute vérité que nous sommes enlacés les uns dans les autres, et que, sans la bienveillance, sans les secours mutuels dont je parle, il n'y aurait ni douceur, ni bonheur à espérer pour nous dans la vie, puisque nous avons été faits pour vivre en société, et que la société nous est absolument nécessaire. Si vous réfléchissez un peu à ce que je dis là, mes amis, vous comprendrez facilement comment la bienveillance ou charité sociale devient obligatoire, et que cette obligation morale s'applique non seulement à nos propres concitoyens, mais aussi, quoiqu'à un degré différent, au genre humain entier.

Je ne saurais mieux faire pour graver profondément dans votre esprit la nécessité de remplir cette obligation morale, que de vous citer un passage du grand orateur, Cicéron, sur ce même sujet. Ecoutez ses paroles :

« L'homme ne peut, sans pécher contre sa propre raison et sans s'écarter des vues pour lesquelles il a été mis au monde, faire du mal à autrui, ni lui causer aucun dommage ; il ne peut même rendre injure pour injure. L'amour du bien public l'oblige, au contraire, à prendre dans ces occasions les voies de la douceur pour assouplir les animosités. Il ne lui permet pas de se venger, puisque la vengeance ne sert qu'à aigrir le mal et qu'à éterniser les querelles. Enfin, pour tout dire en un mot, *il doit aimer son prochain comme lui-même,* ce qui est le comble du devoir dont je parle (1). »

Quelles étonnantes paroles ! Ne les croirait-on pas écrites par un chrétien ? Voilà pourtant à quelle hauteur le sentiment de la Justice uni à celui de la Charité sociale avait porté un homme de génie dans la Rome antique et payenne !

N'oubliez jamais ce passage, mes chers enfants.

QUESTIONNAIRE. — Quelle est la différence entre le devoir de justice et celui de bienfaisance ou de charité ? — La charité obligatoire confère-t-elle des droits correspondants à celui qui en est l'objet ? — Le devoir de la charité dérive-t-il de la sensibilité ? — Si, non, de quelle obligation morale découle-t-il ? — A quoi pourrait-on comparer la société humaine ? — Pourquoi la société est-elle impossible, si elle ne repose sur des services mutuels ? — Expliquer comment nous devons, dans cette question, imiter la conduite de la Providence envers l'homme. — Résumer le passage de Cicéron à ce sujet.

N. B. — Le Maître fera bien de dicter et même de faire apprendre à ses élèves ce beau passage.

LA CHARITÉ CHRÉTIENNE OBLIGATOIRE ET FACULTATIVE

Lorsque nous avons étudié ensemble, mes chers amis, la Morale théorique, nous avons vu qu'il y avait un bien que nous sommes en conscience obligés de pratiquer, et un autre qui n'est nullement obliga-

(1) Cic. *De officiis,* I, 9.

toire, dont nous avons même trouvé un exemple parmi vous, chez un de vos camarades. Dans notre dernière leçon aussi, je vous ai prouvé que nous sommes tenus absolument de montrer à nos semblables une bienveillance que nous avons appelée la charité sociale, à charge par ceux-ci de nous donner en retour les mêmes marques de bon vouloir.

Aujourd'hui, nous arrivons à une autre sorte de charité, à la charité religieuse, beaucoup plus réelle, beaucoup plus tendre, beaucoup plus profonde que l'autre. Aux yeux de la religion, la charité a son principe dans la considération de notre commune origine, dans l'identité de notre nature, dans la fraternité de tous les membres de la famille humaine, et dans leur égalité devant Dieu. C'est un point de vue distinct du premier, mais non tout à fait différent : seulement sur le terrain religieux, nous rencontrons une notion plus élevée de la dignité de l'homme. La charité sociale lui dit : « Aie des rapports bienveillants avec ton compatriote, avec ton concitoyen, pour qu'il te rende la pareille ; cette bienveillance mutuelle est votre intérêt à tous deux. C'est le ciment avec lequel on construit une société, sans ce ciment l'édifice n'est formé que de pierres sèches et désagrégées. »

La Charité religieuse va beaucoup plus loin et dit : « Cet homme que tu vois là gisant sur un grabat, c'est ton frère. Ton Père qui est aux cieux est aussi le sien. Comme lui, tu es exposé ici-bas à des épreuves qui peuvent t'atteindre demain : secoures-le donc, comme enfant du même Père, qui te l'a donné pour frère : *Fais-lui ce que tu voudrais qu'il te fût fait à toi-même.* »

Vous le voyez, il y a une distinction réelle entre la

charité sociale et la charité chrétienne, mais nous voyons cette distinction se prononcer plus nettement encore, lorsque la charité religieuse ajoute : « Ce Frère que tu vois là, étendu sur sa misérable couche, il grelotte de fièvre, il est demi-nu, il est pauvre et, qui plus est, il a de mauvais penchants. Si, grâce à tes soins, il revient à la vie, il se montrera peut-être ingrat, croyant et proclamant qu'il avait droit à des secours; peut-être aussi tes bons soins le ramèneront-ils à de meilleurs sentiments. Soigne-le donc toujours, pour l'amour du Père qui est aux cieux, et pour obéir au précepte divin : « *Aime ton prochain comme toi-même.*

Mais direz-vous, cette charité-là est donc obligatoire? Oui, elle est obligatoire. Oui, ce devoir de charité, comme bien d'autres devoirs de ce genre, nous est imposé comme chrétiens. Oui, aimer son prochain comme soi-même, pardonner ses injures, lui venir en aide dans ses infirmités, dans ses travaux, dans ses efforts légitimes, sans en attendre de récompense ici-bas, par un pur amour de Dieu, voilà le précepte, voilà la loi, voilà l'obligation : *Aime ton prochain comme toi-même.*

Toutefois, en même temps que la charité religieuse s'adresse au chrétien dans les termes que je viens de dire, elle se retourne vers celui qui est l'objet de cet amour vraiment fraternel : « Tu vois cet homme, dit-elle, il te donne bénévolement une part de son existence, il oublie ses propres occupations, ses plaisirs, pour te soigner, te guérir, si Dieu le permet. Il te traite en frère; regarde-le aussi comme ton frère en Dieu. Et, par-dessus tout, garde-toi de considérer comme autant de droits les bienfaits dont il t'a comblé. Cependant, si tu le veux, tu as un moyen d'acquitter ta dette de reconnaissance envers lui : prie le Seigneur d'épancher sur lui ses bénédictions, prie-le pour son âme, prie-le pour les siens, prie-le pour que ce frère conserve jusqu'à la fin son trésor de charité chrétienne; ta prière montera vers le ciel comme un suave parfum et trouvera là sa récompense. »

Mais à côté de cette charité obligatoire, qui est de précepte pour tout chrétien, il vient s'en ajouter une autre que nous appelons *facultative* ou *héroïque*. Celle-là est toute de conseil et ne nous est point imposée par la loi générale, quoique souvent, dans les belles âmes, elle naisse de la première.

Pour vous la mieux faire comprendre, mes chers enfants, j'aurai recours à des exemples, et il vous sera d'autant plus facile par là de me faire une bonne rédaction sur ce sujet.

Supposons un enfant — cela n'arrive, hélas! que trop souvent — qui ne soit jamais venu à l'école parce que ses parents ont négligé de l'y envoyer. Parvenu à l'âge de l'apprentissage, il s'aperçoit trop tard, le pauvre enfant, que son ignorance l'empêche de se placer, et pourtant lui aussi a besoin de gagner sa vie, ne fût-ce que pour venir en aide à ses parents. Mais, juste au moment où il se désespère, il rencontre un brave ouvrier de sa connaissance et lui fait part de sa triste position. Celui-ci, sans même prendre le temps de la réflexion, offre de lui enseigner la lecture, l'écriture, le calcul, trois fois par semaine, après son labeur de chaque jour. L'offre, comme vous le pensez bien, est acceptée avec joie, et bientôt notre petit ignorant, grâce au zèle de son maître et à ses propres efforts, devient un si bon écolier qu'il peut entrer en apprentissage chez un horloger. Ce que je vous dis là n'est pas une supposition, c'est un fait réel qui s'est passé à ma connaissance dans une grande ville.

Eh bien, cet excellent ouvrier était-il obligé de remplir cet acte de charité véritablement *héroïque* dans sa position, car enfin il lui fallait prendre sur ses rares instants de repos pour le mettre à exécution? Évidemment non. Il avait écouté exclusivement l'inspiration de son âme foncièrement religieuse, qui lui avait murmuré à l'oreille : « Aime ton prochain comme toi-même, fais ce que tu voudrais qu'il te fût fait à toi-même. »

C'est là, vous le voyez, un exemple palpable de la charité facultative. Y a-t-il d'autres manières de la pratiquer? Sans aucun doute. En voici une qu'on peut classer à la fois dans la charité obligatoire et dans la charité facultative. Votre voisin est en danger, soit par l'eau, soit par le feu, soit par tout autre accident. Peut-être va-t-il périr, si vous ne le secourez? Avez-vous ici un devoir obligatoire à remplir? Oui, si vous-même, vous ne courez pas le danger de compromettre votre propre vie. C'est le cas du précepte : « Faites ce que vous voudriez qu'il vous fût fait. »

Voilà pour la *charité obligatoire*.

Mais c'est précisément le contraire qui arrive. Il y a tout à parier qu'en accomplissant un acte de dévouement héroïque vous risquez vous-même de perdre la vie. N'importe, vous vous précipitez résolument dans le danger et vous sauvez votre prochain, sans y périr vous-même. Vous avez pratiqué là un acte de charité *facultative,* auquel aucune loi ne vous obligeait.

Grâce à Dieu, cette charité facultative inspire aux belles âmes des actions non moins nombreuses que fécondes en heureux résultats. Il est bon que vous ayez sur ce sujet des idées bien nettes et bien précises.

Vous visitez une pauvre famille, vous soulagez sa misère, tantôt par de l'argent, tantôt par le don de vêtements aux petits enfants, tantôt par de la nourriture donnée à propos. Jusque-là, vous accomplissez le précepte de la charité obligatoire dont Dieu vous tiendra compte. C'est, dirais-je volontiers, la petite monnaie de la charité, qui sert de passeport pour arriver à la grande, à la charité facultative ou de conseil. La première s'applique au corps et à ses besoins; la seconde s'adresse à l'âme, au cœur des malheureux.

En quoi consiste surtout cette dernière? Elle s'ingénie à pénétrer dans le plus intime de l'homme, par des avis, par des causeries de cœur à cœur, qui pansent les blessures de ces âmes froissées. Que fait-elle encore? Elle cherche du travail pour le père de famille, s'il y en a un; elle soutient le courage de la mère contre les défaillances et le désespoir. Par-dessus tout, s'il se trouve dans ce pauvre ménage de petits enfants, la charité de conseil aime à leur parler, à jouer avec eux pour gagner leur affection et, par là, les pousser au bien et à l'école. Voilà donc à l'œuvre la charité facultative, et comment elle se distingue de sa sœur la *charité obligatoire*. Pour ma part, j'ai connu d'excellents chrétiens qui la pratiquaient tous les jours.

Mais vous, chers amis, pouvez-vous déjà exercer l'une ou l'autre, peut-être même l'une et l'autre? Eh, oui. Ce n'est pas aussi difficile que vous pouvez l'imaginer. Dans vos rapports mutuels, soyez doux, disposés à rendre service, évitez les disputes et les rixes, faites tout cela et bien d'autres petites choses, pour l'amour de Dieu et de vos semblables, et, sans vous en douter, vous remplirez vis-à-vis de votre prochain le devoir de la charité qui nous prescrit de l'aimer comme nous-mêmes.

Du reste, ce sujet de la charité *facultative* est si fécond en exemples que je ne puis résister au plaisir de vous en citer encore quelques-uns des plus mémorables.

Saint Vincent de Paul, le fondateur des Sœurs de Charité, accomplit des prodiges sous ce rapport. Dans une occasion, il réussit à nourrir, pendant des mois entiers, deux grandes provinces, la Champagne et la Picardie, où les populations mouraient de faim et de misère, à raison de la désolation causée par des guerres prolongées. Pour y suffire, il lui fallut ramasser plusieurs millions et il les trouva, grâce à la confiance qu'inspiraient ses grandes vertus.

Dans une autre ciconstance, étant de séjour en Algérie, alors au pouvoir des Mahométans, il se fit esclave à la place d'un pauvre chrétien, père de famille, prisonnier de ces barbares. Il réussit à racheter plusieurs autres captifs, qu'il renvoya libres dans leur patrie. Les Musulmans eux-mêmes étaient frappés de son admirable charité.

Et, puisque je vous ai nommé les Sœurs de Charité, n'oublions pas que plusieurs d'entre elles ont péri, ou par les boulets prussiens en 1870, ou de fatigue en allant soigner les blessés sur le champ de bataille. Donner sa vie pour ses frères, n'est-ce pas le comble de la charité ?

Très souvent ces saintes filles la pratiquent d'une façon plus obscure, mais non moins méritante. J'ai moi-même été témoin d'un fait de ce genre.

Il y a déjà bon nombre d'années, j'allai passer mes vacances au Havre, chez un instituteur de mes amis. C'était au mois d'août et je me promenais sur la jetée du port pour jouir du spectacle de la marée montante. Beaucoup d'autres personnes faisaient de même. Tout à coup, un de ces grands navires transatantiques, qui servent de communication entre le Havre et l'Amérique parut à nos yeux, en train de sortir du port, pour s'élancer dans la grande mer. Il était déjà parvenu à la jetée qui débouche dans la rade, quand, à notre grand étonnement, nous apercevons sur le pont un groupe de trente sœurs de charité, dont le costume tranchait vivement sur celui des autres passagers. Puis, au moment où le navire prit son élan pour affronter les grandes lames, toutes ces saintes femmes entonnèrent en chœur, d'une voix pure et vibrante, l'*Ave maris stella*, pour appeler la bénédiction de Dieu sur leur voyage. L'émotion fut profonde parmi nous tous. En un instant, nous les saluions de la voix et du geste, nous agitions nos mouchoirs, quelques-uns avaient même les larmes aux yeux. D'où venait donc cette sorte d'angoisse subite qui avait saisi tout le monde ?

Ah ! c'est que les trente sœurs de charité allaient, à travers l'Atlantique, s'exposer aux périls d'une mort presque certaine pour quelques-unes d'entre elles, celle de la fièvre jaune qui sévit à Pernambuco, port du Brésil, et tue parfois les Européens en quelques heures.

Mais pourquoi s'exposer à ce danger? C'est que la Charité leur avait murmuré à l'oreille, tout bas, bien bas : « Partez, allez évangéliser les petits enfants, fonder des écoles au loin, bien loin! »

Et elles étaient parties!... et elles chantaient les louanges du divin Maître! Et bientôt les strophes de l'*Ave maris stella* ne furent plus qu'un écho confus, se perdant au milieu de la grande voix de l'Océan.

De ces trente sœurs, mes enfants, combien en est-il revenu en France, leur douce et bien-aimée patrie?

Peut-être pas une?

Peut-être toutes seront mortes, victimes héroïques de la Charité facultative.

QUESTIONNAIRE. — N'y a-t-il pas deux sortes de charités? — Nommez-les. — N'avons-nous pas déjà trouvé parmi nous un exemple de la charité facultative? — Rappelez-le. — Quel est le principe de la charité religieuse et quel caractère spécial ce principe lui imprime-t-il? — Quelle est la nuance qui distingue la charité sociale de la charité religieuse? — Quelle est le langage que chacune d'elles vient tenir au cœur de l'homme? — La charité religieuse est-elle obligatoire, et en vertu de quel précepte? — Cette vertu crée-t-elle un droit au profit de celui près de qui elle est exercée? — Comment l'obligé peut-il payer sa dette envers son bienfaiteur? — Citez un exemple de charité facultative. (L'ouvrier-instituteur.) — Citez un autre exemple où se trouvent réunies les deux sortes de charité, obligatoire et facultative. — Donnez également un exemple de la charité facultative, dite de conseil et exposez-en les effets. — Comment des écoliers peuvent-ils déjà remplir le devoir de la charité? — Racontez deux traits de charité pris dans la vie de saint Vincent de Paul. — Racontez un épisode du départ de trente sœurs pour l'Amérique.

DEVOIRS ENVERS DIEU

I. Culte intérieur

Lorsque je vous ai parlé, mes enfants, de la Morale théorique, je vous ai fait voir comment, de la considération du monde matériel et de l'ordre dans l'Univers ; comment encore, d'une étude sur le monde intelligent ou libre, c'est-à-dire de l'homme, on est ramené sans cesse et forcément à l'idée d'une Cause première qui régit tout, qui coordonne tout ici-bas, pour le bien général de l'humanité. Lorsque ensuite, nous avons cherché quels sont les devoirs de l'homme vis-à-vis de son corps, vis-à-vis de son âme, vis-à-vis de ses semblables, la même idée d'une Cause première qui s'appelle Dieu ou Providence, s'est imposée à nous d'une façon claire et distincte, en vertu même des lois de notre propre raison. L'existence de Dieu nous a donc été démontrée sous toutes les formes. De là une conséquence rigoureuse : c'est que nous avons des devoirs à remplir vis-à-vis de ce Dieu qui nous a créés. En y réfléchissant, nous trouvons effectivement qu'au fond nos devoirs envers nous-mêmes, ou envers nos semblables, ont Dieu pour objet. Pourquoi? C'est que Dieu, nous l'avons reconnu, est le bien absolu, la raison suprême. Ainsi, l'idée même du bien; cette idée simple qui est la base de la Morale, révélée par notre propre conscience, s'identifie avec la notion de Dieu et se personnifie en lui. Dès que nous songeons à lui, il nous apparaît comme l'auteur de tout bien : obéir à la loi divine, c'est la même chose qu'obéir à la volonté divine. Ceci étant établi, supposons un homme qui rapporte toutes ses actions à Dieu comme à leur fin véritable, qui vit, comme on dit, sous le regard de Dieu ; qui cherche dans sa conduite entière à ressembler le plus possible, selon la mesure de sa faiblesse, au Créateur suprême ; ses actions, dans leur détail et dans leur ensemble, n'auront plus simplement un caractère moral, mais prendront celui d'un véritable culte religieux vis-à-vis de la Divinité. Aussi des auteurs éminents, comme Fénelon par exemple, appellent-ils cette application de la loi morale, une *Religion*. Je ne m'en étonne pas, car, au fond, que veut dire le mot Religion ? Un ensemble de doctrines et de pratiques qui nous *relie* à Dieu. Que veut dire encore ce mot Religion ou sentiment religieux ? Un lien, et le plus puissant qui réunisse les hommes. Il les porte à se communiquer entre eux pour former une société *religieuse* et pour offrir en commun leurs hommages au Dieu d'une bonté infinie. La Religion est donc, comme vous l'avez déjà vu, éminemment sociale.

Ainsi envisagées, la Morale et la Religion ne font qu'un, et la Religion elle-même devient le fondement le plus solide de la Morale : l'une ne peut se passer de l'autre.

Conformer notre conduite, autant que possible, à la ressemblance de Dieu ; régler toutes nos actions par la loi du Devoir, c'est déjà une sorte de culte ou d'hommage intérieur que nous rendons à l'auteur de notre être. Mais ce culte indirect n'est pas le seul qu'une créature intelligente et libre soit tenue de rendre à son Créateur. Nous pouvons *connaître* Dieu, nous pouvons *adorer* Dieu, nous pouvons *servir* Dieu, et de la sorte nous mettre en rapport avec lui par toutes nos facultés. Ces trois mots : *connaître, adorer, servir* représentent pour nous autant de devoirs qui font l'objet même de la Morale ou Loi naturelle. Il vaut bien la peine de nous arrêter un instant sur ce sujet important.

I. *Connaître Dieu ou le culte intérieur.* — « Dieu, dit encore Fénelon, le grand archevêque de Cambrai, a fait toutes choses pour lui. Il ne peut jamais rien devoir qu'à lui seul, et il se doit tout. » Si ces paroles sont justes, — et nous ne saurions en douter, — voici les conséquences immédiates qui en dérivent. En étudiant la première partie de la Morale, nous avons reconnu que les êtres privés d'intelligence ne se meuvent que suivant les lois du mouvement que Dieu leur a données. Tous ces êtres sont absolument dans sa main et obéissent pour ainsi dire à sa volonté toute-puissante. Ils n'existent que par lui seul.

Mais, nous le savons, Dieu a fait aussi d'autres êtres, intelligents, libres, ceux-là, et pourvus d'une volonté. Or ces êtres, qui ont une intelligence, qui ont une volonté, appartiennent-ils à Dieu moins que les premiers? Ne doit-il pas régler, selon son bon plaisir, toutes leurs pensées, toutes leurs volontés, comme il règle le mouvement des corps brutes? Sans aucun doute : aussi a-t-il créé ces êtres capables de reconnaissance et d'amour, afin qu'ils aiment et reconnaissent la vérité et la bonté infinie du Créateur. Dès lors la fin, le but essentiel de notre création, c'est d'être en rapport avec ce Créateur.

Qui dit cela? C'est toujours le grand archevêque de Cambrai. Il faut donc, mes amis, que nous rapportions tout à Dieu : tout ce que nous sommes, tout ce que nous pensons, tout ce que nous faisons, tout ce qu'il nous a donné. Avez-vous jamais songé à ce devoir? Non peut-être. Eh bien, après cette leçon, songez-y sérieusement; songez-y aujourd'hui, demain, toujours. Qu'est-ce que Dieu a mis en moi? La pensée, la volonté; je lui dois donc ce que j'ai de pensée et de volonté. Voilà mon vrai rapport avec Lui. Quel doit être le rapport de ma pensée avec Dieu? C'est de le connaître autant qu'il dépendra de moi, Lui, la vérité suprême. Quel doit être le rapport de ma volonté avec Dieu? C'est de l'adorer, de l'aimer. Mais, qu'est-ce qu'aimer Dieu? C'est reconnaître sa bonté infinie, le remercier de ses bienfaits, distinguer sa main paternelle dans tout ce qui nous arrive; vouloir réaliser en tout sa volonté. Ici, l'amour se confond dans l'adoration, qui me pousse sans cesse à confesser non seulement ma petitesse, mais mon néant en sa présence. Et ce sentiment sera parfaitement juste, car Dieu n'a nullement besoin de moi, ni des choses viles que je possède : au moment même où je crois les posséder, c'est Lui qui les possède, et Il peut en disposer à son gré. « Il n'a que faire de mes souhaits pour sa grandeur, continue Fénelon dans son beau langage, car il est au comble, et il ne peut rien recevoir dans sa plénitude qui est infinie. Que puis-je donc? Ce qu'il me donne de pouvoir. Je puis vouloir tout ce qu'il veut et préférer sa volonté à tout ce qui s'appelle mes intérêts : voilà mon rapport essentiel, conforme à mon être; voilà la fin de ma création; voilà l'amour de Dieu; voilà le culte en esprit et en vérité qu'il exige de ses créatures; voilà ce que l'on nomme *Religion*. L'encens le plus exquis, les cérémonies les plus majestueuses, les temples les plus augustes, les assemblées les plus solennelles, les hymnes les plus sublimes, la mélodie la plus touchante, les ornements les plus précieux, l'extérieur le plus pur et le plus modeste des Ministres de l'autel, ne sont que des signes extérieurs et corporels de ce culte tout intérieur, qui est la conformité de notre volonté à celle de Dieu.

» Voilà tout l'homme, ce n'est qu'un être entièrement relatif à Dieu; il n'est rien que par là; il n'est rien dès qu'il déchoit de cet ordre essentiel (1). »

Que ressort-il de tout ceci, mes amis, pour vous comme pour chaque homme? C'est que pour ressembler autant que vous le pourrez à notre grand Dieu, il faut l'adorer de toutes vos forces; penser souvent à sa vérité infinie, à sa bonté infinie, à sa justice infinie, à sa puissance infinie et ainsi de suite. Puis une fois sur cette voie, demandez-vous en toute sincérité, avant de vous coucher, par exemple: qu'ai-je fait aujourd'hui pour ressembler à Dieu? Ai-je dit toujours la vérité et toute la vérité, même lorsqu'il m'en coûtait d'avouer une faute? Quant à la loi du travail, qui m'impose certains devoirs, y ai-je été fidèle? Si je ne l'ai pas remplie, cette loi, si j'ai été paresseux, ma volonté s'est révoltée, dans la limite du possible, contre Dieu, qui est toujours actif, Lui, pour régir et gouverner le monde moral et matériel. Puis, Dieu m'a donné de bons parents, de bons maîtres qui m'aiment, qui cherchent mon bonheur : y ai-je répondu? Ai-je suivi fidèlement leurs instructions? Leur ai-je obéi comme à la volonté divine? Si ma conscience me reproche quelque chose à cet égard, j'ai encore manqué à la

---

(1) *Lettres sur la métaphysique,* Lett. III.

loi divine, encore une révolte pratique contre la volonté suprême de notre Dieu : entre Lui et moi, il n'y a pas eu aujourd'hui de rapport sur ce sujet; et, par là, je me suis éloigné de la fin pour laquelle j'ai été créé.

Autres devoirs : bonté et justice. Dieu est infiniment bon et il m'ordonne, à moi, sa créature intelligente et libre, d'adorer et, qui plus est, d'imiter sa bonté. L'ai-je fait? Dans mes relations avec mes frères et sœurs, ou avec mes camarades, me suis-je montré bienveillant, doux, aimable, patient, au milieu des contradictions que je puis endurer? Au contraire, n'ai-je pas fait preuve de mauvaise humeur, d'un caractère violent parfois? Alors, sous ces différents points de vue, ai-je cherché à ressembler à Dieu?

Mais il y a un autre côté que je dois examiner. Il arrive souvent, entre camarades de la même école, qu'on n'est pas juste les uns envers les autres : celui-ci, abusant de sa force, va quelquefois jusqu'aux coups, pour imposer sa volonté à de plus faibles que lui ; celui-là, un faible peut-être, a recours à la ruse pour tromper ce plus fort et en venir à ses fins. C'est mal, cela, de part et d'autre. Comment me suis-je conduit à cet égard? A-t-on pu m'accuser de mauvaise foi ou d'excès de force dans ma manière d'agir? S'il en est ainsi, j'ai donc violé la justice envers mes semblables. Et pourtant Dieu est souverainement juste; assurément, dans ma conduite, je ne cherche guère à lui ressembler, à Lui, qui m'ordonne de pratiquer en tout la justice.

Voilà, mes enfants, un examen de conscience que je vous recommande de faire souvent, si vous voulez apprendre à vivre vraiment en la présence de Dieu et à lui ressembler. A ce propos, laissez-moi vous rappeler ce que je vous ai raconté de Franklin, qui marquait fidèlement sur un carnet les fautes qu'il avait commises dans la journée, et qui les vit ainsi diminuer successivement et germer dans la même proportion les vertus qui lui manquaient. A force de répéter ces examens quotidiens, il devint un homme vertueux et même un homme célèbre, comme vous le savez. Franklin se trouva bien de son procédé : il vous en arrivera autant, si vous imitez consciencieusement son exemple.

Mais ce n'est pas tout, Franklin se servit aussi d'un autre moyen dont je ne vous ai pas encore parlé et qui est parfaitement à sa place ici : après le relevé fidèle de ses fautes, il se mettait pieusement à genoux, au pied de son lit, pour en demander pardon à Dieu, et le supplier de venir en aide à sa faiblesse, en lui donnant la force de résister à ses mauvais penchants. Que Dieu ait entendu sa prière, je n'en doute pas, puisque le fameux Américain se débarrassa à la longue de son penchant à l'ivrognerie, au mensonge, à la jactance, à la violence de caractère, et ainsi de suite. Il priait donc, Franklin, et cela lui réussit.

Faites de même, et vous réussirez aussi.

Mais ce fait très connu me rappelle précisément un côté important de la question. Ces prières, ces vœux adressés au Dieu suprême dans le secret de notre conscience, constituent ce que l'on appelle le *culte intérieur*, par lequel chaque homme doit se mettre en rapport avec le Créateur, afin d'en obtenir la force nécessaire pour se corriger de ses fautes, ou pour le remercier des bienfaits qu'il en a reçus. Voilà un rapport essentiel, nécessaire même, entre nous et Celui qui nous a faits : sans ce culte intérieur et assidu, notre volonté pour le bien devient vacillante : nous avons beau faire parade d'un prétendu amour pour la vertu, notre volonté fléchit et reste inerte devant le moindre effort.

Prions donc, prions, et le soir et le matin.

QUESTIONNAIRE. — A raison de l'existence de Dieu, reconnue par nous, quels devoirs immédiats en résulte-t-il pour tous les hommes ? — Que veut dire le mot : religion, et d'où vient-il ? — Quel est le rapport existant entre la religion et la morale ? — Qu'est-ce que *connaître* Dieu, *adorer* Dieu, *servir* Dieu ? — Résumer le langage de Fénélon à ce sujet. — Que faut-il entendre par le *culte privé* ou intérieur ?

II. — LE CULTE EXTÉRIEUR OU PUBLIC

Je viens de vous montrer, mes chers enfants, que nous devons à Dieu une adoration ou culte intérieur qui naît spontanément dans notre âme, à la vue de sa puissance, de sa bonté et de sa justice infinies.

Mais ce même sentiment qui s'échappe d'un cœur bien placé, nos semblables l'éprouvent également ; ils sentent, comme nous, dans les diverses circonstances de leur vie, le besoin d'un lien direct et intime avec l'auteur de tout bien.

« Supposons que nous avons sous nos yeux une plante placée dans un terroir fertile, constamment humectée par la rosée, constamment exposée aux rayons du soleil, supposons encore que cet arbre ne porte ni fleurs, ni fruits, un semblable prodige, si contraire à la nature, ne l'est pas autant que de voir un être humain créé à l'image de Dieu, persuadé que Dieu a fait tout ce qu'un être infiniment bon peut faire envers ses créatures, négliger de s'acquitter envers lui des devoirs qui naissent nécessairement de la relation que la créature a avec son Créateur. »

A ces paroles de Fénelon correspond un fait invariablement reconnu chez les nations : c'est l'existence d'un culte extérieur. Qu'est-ce qu'un culte extérieur? Ce sont les actes et les signes par lesquels se manifeste au dehors le sentiment religieux ou l'adoration de la divinité. Tous les hommes ont reconnu la nécessité de ce culte fondé, peut-on dire, sur l'union de l'âme et du corps. Je m'explique.

Dans certaines situations de notre vie, lorsque notre âme est vivement émue par un sentiment quelconque, sur-le-champ elle manifeste son émotion, soit par des cris soudains, soit par des paroles ardentes. Vous, mes chers enfants, vous en fournissez des exemples incessants : la moindre chose vous émeut, et alors ce sont des gestes, des paroles et des cris à n'en plus finir. Vous cédez, sans y songer même, au sentiment qui vous domine, sentiment de joie, ou de douleur, ou d'indignation, peu importe. D'où vient ce fait universel? De la relation intime de notre corps avec notre âme, de la pensée qui se manifeste avec violence, tantôt par la parole, tantôt par l'action ou le cri, qui est une autre sorte de langage. Eh bien, le culte, soit intérieur, soit extérieur, n'est que l'expression de notre pensée, l'élan de notre âme vis-à-vis de Dieu. Sans doute, le véritable culte est celui de la pensée, celui de l'âme, car Dieu est esprit et veut être adoré en esprit et en vérité. Mais encore une fois, tout sentiment un peu vif qu'éprouve notre âme se montre au dehors par l'expression. Au contraire, tout sentiment qui reste enseveli au fond de la conscience sans aucune manifestation extérieure, s'évanouit bientôt, à moins que ce silence ne soit, de notre part, un propos délibéré. Comment donc le sentiment religieux, le plus vif, le plus profond de tous, chez la plupart des hommes, ne se révélerait-il pas au dehors par le langage, par des actes ou par des symboles? C'est précisément ce que nous trouvons dans l'histoire de tous les peuples et de tous les temps. Mais gardons-nous d'oublier que ces signes extérieurs, ces actes, ces symboles, n'ont de valeur véritable que par la pensée qui les anime. Si le sentiment religieux ne les inspire, ce ne sont plus que des actes matériels et des pratiques superstitieuses : nos prières, soit privées, soit publiques, ne doivent jamais être une affaire de routine.

Quant au culte extérieur ou public, les mots eux-mêmes en indiquent la signification. C'est une adoration que les hommes adressent en commun à Dieu; et ils s'accordent à la regarder comme nécessaire, en se reportant à un principe que je vous ai déjà indiqué : à leurs yeux, le sentiment religieux est éminemment sociable et aspire à se communiquer en formant une société religieuse. Le mot religion, vous vous le rappelez, n'a pas d'autre sens.

Sur la nécessité de ce culte extérieur, laissons encore parler Fénelon : « Il est vrai que ce qu'on nomme religion demande des signes extérieurs qui accompagnent le culte intérieur. En voici les raisons : Dieu a fait l'homme pour vivre en société, il ne faut pas que leur société altère le culte intérieur; au contraire, il faut que leur société soit un culte continuel; il faut donc que ce culte ait des signes sensibles qui soient le principal lien de la société humaine. Voilà un culte extérieur qui est essentiel et qui doit réunir les hommes. Dieu a sans doute voulu qu'ils s'aimassent et qu'ils vécussent ensemble, comme des frères dans une même famille et comme des enfants du même père. Il faut qu'ils puissent s'identifier, s'instruire, se corriger, s'exhorter, s'encourager les uns les autres, louer ensuite le père commun et s'enflammer de son amour. Ces choses si nécessaires renferment tout l'extérieur de la religion ; ces choses demandaient des assemblées, des pasteurs qui y présidassent, une subordination, des prières communes, des signes communs pour exprimer les mêmes sentiments. Rien n'est plus digne de Dieu et ne porte plus son caractère que cette unanimité intérieure de ses vrais enfants, qui produit une espèce d'uniformité dans leur culte extérieur. Voilà comment la religion unit les hommes que leurs passions sauvages rendaient farouches sans ce lien sacré.

» Quant aux cérémonies réglées et publiques, elles ne sont point l'essentiel de la religion, qui consiste dans l'amour et dans les vertus. Ces cérémonies sont instituées non comme étant l'effet essentiel de la religion, mais seulement pour être les signes qui servent à la montrer, à la nourrir en soi-même et à la communiquer aux autres. Ces cérémonies sont, à l'égard de Dieu, ce que les marques de respect sont pour un père que les enfants saluent, embrassent et servent avec empressement, ou pour un roi qu'on harangue, qu'on met sur un trône, qu'on environne d'une certaine pompe, pour frapper l'imagination des peuples... N'est-il pas évident que les hommes attachés aux sens, et dont la raison est plus faible, ont encore plus besoin d'un spectacle pour imprimer en eux le respect d'une majesté invisible et contraire à toutes leurs passions, que pour leur faire respecter une majesté visible qui éblouit leurs faibles yeux et qui flatte leurs passions grossières. On sent la nécessité d'un spectacle pour une cour, pour un roi, et on ne veut pas reconnaître la nécessité infiniment plus grande d'une pompe pour le culte divin. C'est ne reconnaître pas le besoin des hommes et s'arrêter à l'accessoire après avoir admis le principal. »

Tel est donc le culte extérieur, et je ne veux pas terminer cette leçon, sans vous faire remarquer encore une fois que tous les peuples plus ou moins civilisés ont eu ce culte public, qui semblerait même être le fondement de leur nationalité. Vous vous rappelez probablement les beaux passages que je vous ai lus sur la croyance universelle des anciens à une Divinité suprême réglant les choses d'ici-bas et gouvernant l'univers. Tous, Égyptiens, Perses, Grecs, Romains, étaient fermement convaincus qu'il y a une Providence à laquelle ils élevaient des temples et rendaient un culte public. A cet égard, l'antiquité est unanime, en dépit de son paganisme. Mais je remarque en même temps que plus leur idée de la divinité était pure et digne d'elle, plus chez eux la civilisation était morale et produisait de grands résultats. Plus, au contraire, leurs notions à ce sujet étaient vagues, plus l'idolâtrie corrompait et rendait obscure l'idée de Dieu, plus ils descendaient dans l'échelle de la civilisation, et arrivaient bientôt à une corruption profonde. Le culte public continuait sans doute de subsister, mais trop souvent il couvrait et même autorisait des superstitions honteuses et parfois cruelles. Je n'en veux pour preuve que les Phéniciens immolant de pauvres petits enfants en sacrifice pour apaiser leur dieu Moloch.

Ce dernier fait m'amène à une autre remarque. Lorsqu'on étudie de près et avec attention l'histoire des religions païennes, on s'aperçoit bien vite que, chez les peuples de ces temps, l'amour de Dieu était à peu près inconnu, ou que si ce sentiment existait, c'était tout au plus un amour à distance. Pour le païen, la Divinité était un Dieu vengeur, implacable, poursuivant quelquefois ses créatures avec une rigueur en désaccord avec l'idée de justice. L'homme arrivait ainsi à affubler ce Dieu de ses propres passions ; aussi, chez lui, la crainte était le sentiment qui prévalait dans son cœur, s'il songeait à prier. Quant à une bonté infinie, il n'en concevait guère l'idée, et la notion fausse qu'il se faisait de la Divinité elle-même le portait à des excès terribles pour détourner de lui le courroux dont il se croyait l'objet. Grâce à cette erreur fondamentale, les autels se couvraient de victimes humaines. Ce que devenait la morale, ce que devenaient les devoirs avec un pareil système, vous pouvez l'imaginer.

Si je voulais encore consulter l'histoire des grandes populations qui remplissent aujourd'hui l'Asie, j'y trouverais des centaines de millions d'hommes courbés sous un joug abrutissant et se prosternant devant des divinités impitoyables. D'où vient cela? C'est que l'idée qu'ils se forment du Créateur est vague, mêlée de beaucoup d'erreurs, et n'admet point de sa part une bonté infinie.

QUESTIONNAIRE. — Toutes les nations ont-elles un culte extérieur? — A quoi pourrait-on comparer un peuple qui n'aurait point ce culte. — Comment définir le culte extérieur? — Sur quel sentiment de l'homme est-il fondé? — A quoi sert le culte extérieur au point de vue social? — Comment contribue-t-il à lier entre eux les membres d'une société régulière? — Quel est le fondement du culte extérieur? (Adoration commune.) — Les cérémonies du culte sont-elles l'essentiel de la religion naturelle? — Rappeler en substance les paroles de Fénelon à ce sujet. — Les nations de l'antiquité païenne avaient-elles une notion claire et juste de la Divinité? — Quelle influence cette idée eut-elle sur leur religion nationale? en donner quelques exemples.

LA SOCIÉTÉ

DESCRIPTION ET DÉFINITION DE LA SOCIÉTÉ EN GÉNÉRAL. — LE POUVOIR. — LE DROIT PRIVÉ. — LE DROIT PUBLIC.

L'homme étant destiné à vivre en société, il en résulte pour lui des rapports incessants avec elle, rapports nécessaires à son développement individuel. Pour que ceux-ci s'établissent, il faut deux conditions : l'*unité* et la *diversité*. Déjà, dans la famille même, les choses se passent ainsi, et cet exemple vous fera mieux comprendre ce que j'ai à vous dire à ce sujet.

Vous voilà cinq ou six enfants, formant une nombreuse famille, élevée, dirigée par le père et la mère. Chacun de ces enfants a son caractère propre, des qualités ou des défauts différents, quelquefois même opposés : la diversité s'accuse donc de fait. Ces intelligences, avec leurs qualités diverses, pourront contribuer au bien général de la famille, si elles sont gouvernées convenablement. Or, qui les dirigera ? Évidemment le père et la mère, qui mettront de l'unité dans la conduite de ce petit groupe, en les faisant marcher vers un but unique : une bonne éducation morale, soutenue par une bonne instruction. Cependant chacun des enfants jouira aussi d'une certaine liberté, conforme à la diversité des aptitudes et des caractères.

Or, la société dans laquelle vous entrerez bientôt, c'est la famille agrandie, prolongée sur une vaste échelle. On donne à cette société le nom de *Nation* ou *Etat*.

Toutefois, quand je dis que la société ressemble à la famille ou société domestique, cette ressemblance ne s'étend pas à tout; il y a même entre elles des différences essentielles qui ne permettent pas de les assimiler complètement, ni d'appliquer à l'une ce qui appartient à l'autre.

La famille est fondée sur des rapports naturels. En naissant, nous les trouvons, ces rapports, déjà établis par la force des choses; s'ils n'existaient pas l'enfant ne pourrait même pas vivre. Il n'en est certainement pas de même pour la société civile ou politique. Si nous avons devant nous une vaste aggrégation d'hommes de même origine, vivant sur le même sol, ayant les mêmes mœurs, la même langue, des croyances religieuses identiques, sera-ce une société politique, une nation, un État? Toutes ces conditions de mœurs, de langue, de religion, sont très désirables sans doute; elles fortifient le lien social, mais ne constituent pas une nation. Que faut-il donc pour former cette société que nous nommons un État? Il faut qu'un certain nombre d'hommes soient réunis sous les mêmes lois et reconnaissent une même autorité. Il faut que ces hommes aient l'idée du *droit* ou de la justice, sans laquelle aucune société civile ne peut se fonder. Il faut de plus que cette justice, ce droit, cette loi universelle, soient représentés par un pouvoir reconnu de tous. Ce pouvoir ou gouvernement, quelle qu'en soit la forme, y sera seul chargé de faire exécuter cette loi applicable dans les divers rangs de cette société. Ce sera, pour cette nation, le seul moyen d'obtenir l'*unité* dans la direction générale des affaires, du haut en bas de l'échelle sociale.

Le pouvoir, ainsi conçu, ressemble par certains côtés à celui du père de famille. On pourrait l'appeler l'incarnation de la justice (1) ou de la loi. Il est indispensable pour fonder l'unité dans une nation. Où il n'existe pas, en effet, il sera absolument impossible à l'homme d'y jouir d'aucun droit ni d'aucune liberté légitime. Chacun y sera libre de suivre ses caprices ou ses mauvais penchants, puisque aucune autorité ne s'élèvera pour les réprimer. Loin d'être une société, une pareille organisation serait tout simplement un état d'anarchie perpétuelle. Aussi, quand on vient nous parler, comme Rousseau, d'un certain état de liberté antérieur à toute société civilisée, on croirait vraiment qu'il se moque de nous. Ce prétendu état de nature est celui des sauvages, dont les mœurs sont connues : il laisse subsister entre les hommes toutes les inégalités inhérentes à la nature humaine, ce qui permet à chacun de faire absolument ce qu'il veut, aux dépens du voisin. De fait, ce soi-disant état de nature est la tyrannie des forts sur les faibles, la guerre de tous contre tous, le règne de la violence.

(1) Du mot latin *jus*, droit, qui vient lui-même de *jussum*, commandement.

Or, quels sont les devoirs des hommes à l'égard d'une société ainsi constituée ; à l'égard d'un gouvernement reconnu par la nation entière ? En s'y soumettant, dit-on, l'homme fait abandon d'une partie de ses droits légitimes et de sa liberté. C'est tout à fait faux ; il se soumet simplement à la pratique de la justice dans ses rapports avec ses concitoyens, et la pratique de cette justice, qui est une vertu morale, par Dieu commandée, est le fondement même de toute société. En réalité, l'homme accepte un frein imposé à sa volonté capricieuse et à ses passions. Il se soumet à la loi, c'est-à-dire, en la supposant juste, à la raison, loi qui oblige, mais ne contraint pas. La passion, le caprice, la volonté arbitraire, non la liberté, sont seules comprimées dans une société ou un Etat bien organisé. Toute volonté raisonnable, loin d'être comprimée, ne peut trouver que là son plein développement.

Tels sont les pouvoirs et les devoirs du gouvernement ou État : à nous, citoyens, de lui obéir, de le soutenir comme le représentant de la nation entière.

D'ailleurs, l'État, c'est la loi elle-même dans sa manifestation et son exercice sur cette terre. Cette loi est faite pour l'avantage et la sécurité de tous. Nous ne pouvons, nous ne devons donc pas lui refuser notre obéissance, précisément parce qu'elle est la source de tous nos devoirs. L'État étant l'interprète et l'organe de la loi générale, nous lui devons, tous tant que nous sommes, une obéissance générale qui ne souffre aucune exception, si ce n'est celle de la conscience.

La raison en est bien simple. L'homme est un être libre et moral : comme tel, il est responsable de ses actes vis-à-vis de l'auteur de son existence. Et, comme

Dieu a fait l'homme pour vivre en société, il est juste que nous nous soumettions à une organisation qui est la base de toute société perfectionnée. Cette soumission universelle est d'ailleurs dans l'intérêt de l'individu, comme dans celui de tous les citoyens. Au fond, en agissant ainsi, le citoyen obéit véritablement à l'auteur de son être, non à un homme. En ce sens, mais dans ce sens uniquement, on peut dire que toute autorité vient de Dieu, parce que l'homme n'est pas dans la dépendance d'un autre homme, mais de la loi manifestée par l'autorité la plus générale et la plus élevée que reconnaissent, et l'État lui-même, et la masse d'hommes groupés autour de lui dans la même organisation sociale.

Tels sont donc les devoirs de l'homme envers l'État : voyons maintenant quels sont ceux du gouvernement lui-même.

Toute société régulièrement organisée et constituée suppose nécessairement une puissance publique chargée de maintenir l'ordre, de protéger les faibles contre les forts, d'établir des lois et de les faire exécuter, de représenter ou de personnifier l'État ou la nation. C'est encore cette puissance qui doit défendre cette nation contre les attaques de l'étranger ou contre les entreprises révolutionnaires des anarchistes. Ce pouvoir ou plutôt cet ensemble de pouvoirs et de devoirs, c'est encore ce qu'on appelle le *Gouvernement*.

Ainsi, sans un gouvernement, aucune société ne peut exister, mais un gouvernement régulier n'a jamais une existence indépendante de la société elle-même. Celle-ci est le but de toute action gouvernementale ; lui, il en est le moyen. Elle existe, sous l'œil de Dieu, pour elle-même et par elle-même ; lui, par elle et pour elle. Ce rapport dérive de la nature des choses, quelle que soit d'ailleurs la forme de ce gouvernement ou pouvoir, république ou monarchie, peu importe.

Une fois établi, ce gouvernement constitue, pour sa part, l'unité civile et politique. Il se trouve en face d'une multitude d'hommes poursuivant des carrières diverses, remplissant des fonctions diverses, ou tout simplement jouissant de diverses sortes de propriétés qu'ils auront reçues de leurs ancêtres ou acquises par leurs labeurs. Quels seront les devoirs immédiats de ce gouvernement?

Le premier, et le plus important, ce sera de faire régner partout, dans la limite du possible, la justice, base fondamentale des devoirs comme des droits des citoyens entre eux.

Les membres de cette société que le pouvoir a pour mission de régir, jouissent donc, chacun dans sa sphère, d'une certaine part de liberté légitime, limitée seulement par la liberté d'autrui. Or, comme chaque homme a des passions, que, grâce à l'égoïsme humain, chacun est porté à exagérer ses propres droits et à tenir peu de compte de ceux de ses concitoyens, un devoir essentiel de ce même pouvoir est d'établir, de concert avec la nation, des lois claires et précises qui régissent tous ces droits réciproques pour les empêcher d'empiéter les uns sur les autres. Voilà un devoir primordial, pourrait-on dire, qui oblige un gouvernement quelconque. C'est une tâche lourde, difficile, mais indispensable ; si on la néglige, la société elle-même tombe en péril.

Il est clair, en effet, que l'un des premiers besoins

d'une société, c'est que ses membres soient efficacement protégés dans l'exercice légitime de leurs professions. Dès lors, il devient urgent de créer des lois générales sur l'acquisition et la transmission de la propriété, sur le droit qu'a chacun de se livrer à une industrie utile; sur le commerce, sur l'ordre et la sécurité publiques, sur l'application des lois, sur l'établissement et la perception des impôts, sur la formation et l'organisation d'une armée nationale, soit de terre, soit de mer, etc., etc. Toutes ces choses et bien d'autres encore rentrent dans les attributions du pouvoir; la nation s'attend à ce qu'il s'en acquitte fidèlement.

Un seul homme cependant ne peut évidemment suffire à un fardeau aussi écrasant. Il lui faut donc beaucoup d'agents, un personnel nombreux, habile, dévoué, tous responsables vis-à-vis de lui, parce que lui-même, de façon ou d'autre, est responsable vis-à-vis de la nation. De là, des magistrats pour appliquer la justice ou la loi, soit dans les affaires civiles ou procès entre citoyens, soit dans les affaires criminelles contre les voleurs et les assassins. A côté de la magistrature, le pouvoir instituera un corps de fonctionnaires administratifs, chargés de représenter le pouvoir suprême et de faire exécuter les lois dans l'étendue du territoire. Tels sont nos préfets, sous-préfets, percepteurs des contributions, etc. Enfin, l'organisation de l'armée nécessitera des fonctionnaires non moins nombreux, composés généralement d'officiers de cette armée.

Parmi ces fonctionnaires de différents ordres, un petit nombre d'entre eux seront placés à la tête de toute une administration : ce sont les ministres, qu'on pourrait comparer à des organes directs du pouvoir suprême, comme notre corps est l'organe direct et le serviteur de notre âme. De ces ministres relève, chacun pour sa partie, une véritable légion d'employés inférieurs, personnellement responsables vis-à-vis de leur ministre ou chef immédiat. C'est le moyen le plus efficace qu'on ait trouvé pour assurer l'unité dans le gouvernement.

Maintenant, supposons que cette armée administrative, mise au service du pouvoir pour le bien d'une société, remplisse fidèlement ses obligations, que, d'un autre côté, cette société remplisse également ses devoirs religieux et moraux envers Dieu et envers l'État. Il y a tout à parier qu'elle atteindra bientôt un haut degré de puissance et de prospérité. Dans le cas contraire, elle tombera non moins rapidement dans la décadence, peut-être même dans la ruine.

Admettons le premier cas. Dans cette grande société, que nous appellerons France, Angleterre, Allemagne, ou telle autre nation qu'on voudra, voilà une foule de lois concernant exclusivement les rapports privés des citoyens entre eux.

Aussi, a-t-on appelé l'ensemble de ces droits le *Droit privé*, pour montrer qu'il vise exclusivement les relations des individus entre eux.

Qu'est-ce donc que le droit privé?

C'est la collection des lois ayant pour objet de régler les intérêts respectifs des particuliers entre eux, dans tout ce qui concerne les affaires relatives à leurs personnes, à leurs biens et à leurs conventions. Le bail d'une maison, d'une ferme; la vente et, par conséquent, l'achat d'un terrain, sont soumis à certaines règles légales qui en assurent la réalité et l'efficacité. Comme vous le voyez, ces actes ne concernent que des intérêts de particulier à particulier.

Des lois spéciales régissent aussi le commerce et l'industrie.

DROIT PUBLIC

A côté du droit privé, résultant des besoins et des intérêts particuliers, il y a nécessairement, dans une société régulièrement organisée, une foule de questions qui se rattachent aux besoins et aux intérêts de la nation entière : tels sont la conservation et la protection de la religion, la sécurité des personnes, l'ordre public soutenu par une police vigilante contre les malfaiteurs, l'application des lois générales, les rapports avec les peuples étrangers et le maintien de l'honneur national, la défense du territoire contre toute attaque extérieure, le gouvernement des colonies quand un pays en est doté, une protection éclairée des sciences et des arts. Je n'en finirais pas si je voulais énumérer toutes les questions qui se rattachent aux intérêts généraux d'une nation. Je laisse de côté les traités d'alliance, qui ont un caractère purement politique. A qui de veiller à tous ces intérêts majeurs? A qui de remplir tous ces devoirs si importants? Au gouvernement, dont c'est la mission spéciale, et qui, pour s'en acquitter, a sous la main une foule d'agents soigneusement formés à cette tâche toujours compliquée et souvent fort difficile. Cette partie de l'organisation sociale, mais surtout les lois, règlements, traités sur ces matières d'ordre public, au dedans comme au dehors, a reçu une dénomination particulière : on lui a donné le nom de *Droit public*. Comment le définirons-nous?

C'est le recueil des lois qui régissent les rapports et les intérêts existant entre une nation et les individus qui la composent : il fixe, comme je l'ai dit, tout ce qui touche au culte religieux, à la distribution de la justice, à l'administration intérieure et extérieure, et, pour résumer ces rapports divers en un seul mot, on dit qu'ils constituent la souveraineté ou le pouvoir suprême.

Mais vous me demandez encore : Que faut-il entendre par ce mot *souveraineté?* On pourrait l'appeler la toute-puissance humaine. Cette toute-puissance devra s'exercer par certains pouvoirs nommés expressément à cet effet. Ces pouvoirs se divisent en trois branches : le *Pouvoir législatif*, chargé de faire les lois; le *Pouvoir exécutif*, chargé de les exécuter ; et le *Pouvoir judiciaire*, chargé de les appliquer aux faits particuliers.

Sans cet appui, sans ce concours moral et matériel, il deviendrait absolument impossible à un homme ou à des hommes de remplir fidèlement, consciencieusement, le redoutable mandat dont ils sont chargés. L'obéissance donc, l'obéissance à la loi, au droit, à la justice, je le répète, voilà notre devoir rigoureux. Ce devoir-là, Dieu lui-même nous l'impose.

Mais, dira-t-on, la loi est mauvaise, le gouvernement est mauvais; il se trompe ou il nous trompe; nous ne pouvons plus le supporter.

Le fait peut être vrai et s'est déjà manifesté plus d'une fois dans l'histoire des nations.

Il faut distinguer ici plusieurs cas.

Une loi peut être mauvaise, c'est-à-dire nuisible à l'intérêt public ou aux intérêts privés.

Si j'en suis persuadé, je puis, je dois agir par les moyens que m'offre la Constitution du pays pour faire changer cette loi ; par exemple, m'adresser aux députés, et, s'ils ne m'écoutent pas, essayer d'en faire nommer d'autres aux élections.

Mais en attendant, je dois obéir à la loi, parce que l'ordre général l'exige. Si chaque particulier pouvait se soustraire à une loi parce qu'il la désapprouve, aucune loi ne serait exécutée : ce serait la confusion et le désordre.

Une loi peut encore être mauvaise d'une autre façon, c'est-à-dire immorale, prescrivant des choses qui sont contraires à la conscience. Ainsi, par exemple, à l'époque de la réforme, on voulut forcer des évêques, des prêtres à embrasser l'hérésie. Ils préférèrent la mort. En 1791, on voulut aussi contraindre le clergé et les fidèles à devenir schismatiques : eux aussi préférèrent l'échafaud ou l'exil. La postérité leur a donné raison.

Dans ce cas, non seulement on a le droit, mais on a le devoir de ne pas obéir, car, si l'on peut sacrifier son intérêt particulier au bien général, on ne peut jamais sacrifier sa conscience. C'est là le sens de cette parole des apôtres : *Il vaut mieux obéir à Dieu qu'aux hommes.*

Et cette maxime est conforme à l'intérêt public ; il est utile en effet à l'État d'avoir des sujets consciencieux qui aiment mieux subir tous les dommages que de se prêter à ce qui est mal en soi.

Voilà pour la loi mauvaise. Quant au Gouvernement mauvais, on peut toujours essayer de le changer par les moyens légaux : par exemple, les élections. On doit lui résister s'il commande ce qui est coupable ou illégal. Tel est l'enseignement de la saine Morale sur cette délicate question des mauvaises lois et des mauvais gouvernements. La paix publique et la dignité de la conscience individuelle sont également sauvegardées par cette doctrine. Toute autre solution conduit à l'anarchie ou à l'oppression.

Ne dites donc pas, quand plus tard vous entrerez dans le monde, comme il ne manquera pas de gens pour vous le répéter : « Le gouvernement est mauvais, renversons-le, soulevons-nous; à nous, le pouvoir, à nous, les places, à nous, la direction des affaires privées comme des affaires publiques : nous serons des rois! Révoltons-nous! révoltons-nous! là est le salut. »

Non; là est la perte, là est le bouleversement, là est la révolution qui tue la société; là est la violation de la justice, de l'ordre, de la vraie liberté, de nos rapports réguliers avec nos semblables; là est le reversement de la saine morale et, par conséquent, de la loi de Dieu, qui veut l'ordre, le bien, la vérité parmi ses créatures raisonnables : cet ordre même qu'il réalise et conserve dans le gouvernement de l'univers.

Et maintenant, mes amis, notre cours de morale est terminé.

Terminé, ai-je dit, et ce n'est pas sans émotion que j'ai prononcé ce mot. Voilà plusieurs mois que nous parcourons ensemble une carrière difficile : difficile pour moi qui vous ai donné ces leçons, pludifficile pour vous qui les avez reçues. De quoi s'agissait-il, en effet? De vous montrer par le menu quelles sont les règles invariables et absolues de notre conduite ici-bas : règles absolues vis-à-vis de Dieu, de qui elles relèvent; vis-à-vis de nous-mêmes, pour répondre à la fin dernière de notre création; vis-à-vis de nos semblables, pour vivre en bonne intelligence avec eux; vis-à-vis de l'État ou de la nation, pour apprendre à servir en bons citoyens et en bons Français notre chère et grande patrie. Toutes ces belles choses, je les ai expliquées en détail et de mon mieux, car il s'agissait, pour moi, de vous apprendre à être d'honnêtes gens, des hommes profondément moraux et par là même profondément religieux, l'un ne va guère sans l'autre. Y ai-je réussi? Je l'espère, et je crois en avoir acquis la preuve dans le changement de conduite de plusieurs d'entre vous et dans l'amélioration générale de tous.

Souvent, dans le cours de mes leçons, j'ai senti combien ma tâche était laborieuse et ce qu'elle m'imposait pour mettre à votre portée des vérités aussi hautes. Mais toujours, mes bien-aimés élèves, j'ai mis mon cœur tout entier dans l'accomplissement de cette tâche, sur laquelle, j'en ai la confiance, notre Père céleste fera descendre sa bénédiction.

Maintenant, au moment de nous séparer pour les vacances, je demande à ceux d'entre vous qui vont quitter cette école de se rappeler souvent leur cours de morale, et, pour mieux le faire, d'en graver le souvenir au plus profond de leur âme, comme une sauvegarde et comme un encouragement. Comme une sauvegarde, dans la tentation. Vous sollicite-t-on à commettre une mauvaise action? écoutez la voix de votre conscience qui vous criera : « La morale le défend et Dieu me voit! » Comme un encouragement, ai-je dit encore, parce que si vous suivez la voix de cette conscience intime, vous vous sentirez plus forts pour soutenir le combat de la vie, pour marcher en avant, toujours en avant dans le chemin du devoir, ou pour vous relever, si vous avez le malheur de tomber. Quant au Dieu suprême dont nous avons reconnu partout la présence et le gouvernement dans ce monde, aimez-le, adorez-le, servez-le fidèlement.

C'est le dernier vœu de votre vieux maître.

QUESTIONNAIRE. — Quelle ressemblance y a-t-il entre une famille bien organisée et une société régulièrement constituée? — Cette ressemblance s'étend-elle à toutes choses? — En quoi la famille et la société diffèrent-elles? — Que faut-il entendre par une société, ou nation, ou État? — Une société qui n'aurait ni pouvoir, ni lois régulièrement établis, serait-elle une nation? — Que faut-il pour réaliser l'unité dans une nation? — Quand cette unité existe, comment s'accorde-t-elle avec la diversité des caractères, des positions, des professions, etc.? — Que faut-il entendre, au point de vue social, par ces mots : justice, loi, droit? — D'où viennent-ils? — Que faut-il penser d'un état de nature antérieur à toute civilisation? — En entrant dans une société régulière, l'homme renonce-t-il à sa liberté? — Prouvez le contraire. — Quelle est la mission essentielle du Pouvoir et quelle en est l'origine? — Le pouvoir ou gouvernement peut-il, tout seul, remplir ses fonctions? — Comment appelle-t-on l'ensemble des lois concernant les intérêts particuliers des individus? — Quelles sortes de fonctionnaires sont chargés d'appliquer les lois sur ces matières? — Quel nom portent les agents directs du pouvoir central? — Que faut-il entendre par le droit public, et quels sont les principaux intérêts compris sous cette dénomination? — Que faut-il entendre par le mot souveraineté? — En vertu de quel autorité sommes-nous obligés d'obéir au Pouvoir? — Quels moyens faut-il employer pour obtenir justice d'un Gouvernement qui abuse de son autorité?

APPENDICE

PROGRAMME

de l'enseignement de l'instruction morale dans les Écoles normales primaires, prescrit par l'arrêté ministériel du 22 janvier 1881

I. — Notions élémentaires de psychologie

Idée générale de la psychologie appliquée à la morale et à la pédagogie. — Description expérimentale des facultés humaines.

L'activité physique. — Les mouvements, les instincts, les habitudes corporelles.

La sensibilité physique. — Le plaisir et la douleur. — Les sens. — Sensations internes, les besoins et les appétits.

L'intelligence. — La conscience et la perception extérieure. — La mémoire et l'imagination. — L'abstraction et la généralisation. — Le jugement et le raisonnement. — Les principes régulateurs de la raison.

La sensibilité morale. — Sentiments de famille. — Sentiments sociaux et patriotiques. — Sentiments du vrai, du beau et du bien. — Sentiments religieux.

La volonté. — La liberté. — L'habitude.

Conclusion de la psychologie. — Dualité de la nature humaine. — L'esprit et le corps. — La vie animale et la vie intellectuelle et morale.

II. — Morale théorique. — Principes

Introduction : Objet de la morale.
La conscience morale. — Discernement instinctif du bien et du mal. — Comment il se développe par l'éducation.
La liberté et la responsabilité. — Conditions de la responsabilité ; ses degrés et ses limites.
L'obligation ou le devoir. — Caractères de la loi morale. — Insuffisance de l'intérêt personnel comme base de la morale. — Insuffisance du sentiment comme principe unique de la morale. — Le bien et le devoir pur. — Dignité de la personne humaine. — Le droit et le devoir. — Leurs rapports. — Différents devoirs. — Devoirs de justice et devoirs de charité. — La vertu.
Les sanctions de la morale. — Rapport de la vertu et du bonheur. — Sanction individuelle (satisfaction morale et remords). — Sanctions sociales. — Sanctions supérieures : la vie future et Dieu.

III. — Morale pratique. — Applications

Devoirs individuels. — Leur fondement. — Principales formes du respect de soi-même. — Les vertus individuelles : tempérance, prudence, courage, respect de la vérité, de la parole donnée, dignité personnelle.
Devoirs généraux de la vie sociale. — Rapports des personnes entre elles.
Devoirs de justice. — Respect de la personne dans sa vie : condamnation de l'homicide. — Examen des exceptions réelles ou prétendues : cas de légitime défense.
Respect de la personne dans sa liberté. — L'esclavage. — Le servage. — Liberté des enfants mineurs, des salariés, etc.
Respect de la personne dans son honneur et sa réputation. — La calomnie. — La médisance. — Dans ses opinions et ses croyances : l'intolérance. — Dans ses moindres intérêts, dans tous ses sentiments : menaces, injures de toutes sortes, l'envie, la délation, etc.
Respect de la personne dans ses biens : le droit de propriété. — Caractère sacré des promesses et des contrats.
Devoirs de charité. — Obligation de défendre les personnes

menacées dans leur vie, leur liberté, leur honneur, leurs biens. — La bienfaisance proprement dite. — Le dévouement et le sacrifice. — Devoirs de bonté envers les animaux.

Devoirs de famille. — Devoirs des parents entre eux, des enfants envers leurs parents, des enfants entre eux. — Le sentiment de la famille.

Devoirs professionnels. — Professions libérales, fonctionnaires, industriels, commerçants, salariés et patrons.

Devoirs civiques. — La patrie, l'État et les citoyens. — Fondement de l'autorité publique. — La constitution et les lois. — Le droit de punir.

Devoirs des simples citoyens : l'obéissance aux lois; l'impôt; le service militaire; le vote; l'obligation scolaire.

Devoirs des gouvernants.

Devoirs des nations entre elles. — Le droit des gens.

Devoirs religieux et droits correspondants. — La liberté des cultes. — Rôle du sentiment religieux en morale.

Application des principes de la psychologie et de la morale à l'éducation.

PROGRAMMES OFFICIELS DU 27 JUILLET 1882

annexés à l'arrêté ministériel réglant l'organisation pédagogique et le plan d'études des écoles primaires publiques.

MORALE

Cours élémentaire. — *Entretiens familiers. Lecture avec application (récits, exemples, préceptes, paraboles et fables). Enseignement par le cœur. Exercices pratiques tendant à mettre la morale en action dans la classe même :*

1° Par l'observation individuelle des caractères (tenir compte des prédispositions des enfants pour corriger leurs défauts avec douceur ou développer leurs qualités);

2° Par l'application intelligente de la discipline scolaire comme moyen d'éducation (distinguer soigneusement le manquement au devoir de la simple infraction au règlement, faire sentir le rapport de la faute à la punition, donner l'exemple dans le gouvernement de la classe d'un scrupuleux esprit d'équité, inspirer l'horreur de la délation, de la dissimulation, de l'hypocrisie; mettre au-dessus de tout la franchise et la droiture et pour elle ne jamais décourager le franc-parler des enfants, leurs réclamations, leurs demandes, etc.);

3° Par l'appel incessant au jugement et au sentiment moral de l'enfant lui-même (faire souvent les élèves juges de leur propre conduite, leur faire estimer surtout chez eux et chez les autres l'effort moral et intellectuel, savoir les laisser dire et les laisser faire, sauf à les amener ensuite à découvrir par eux-mêmes leurs erreurs et leurs torts);

4° Par le redressement des notions grossières (préjugés et superstitions populaires, croyances aux sorciers, aux revenants, à l'influence de certains nombres, terreurs folles, etc.);

5° Par l'enseignement à tirer des faits observés par les enfants eux-mêmes; à l'occasion, leur faire sentir les tristes suites des vices dont ils ont parfois l'exemple sous les yeux : de l'ivrognerie, de la paresse, du désordre, de la cruauté, des appétits brutaux, etc., en leur inspirant autant de compassion encore pour les victimes du mal que d'horreur pour le mal lui-même; — procéder de même par voie d'exemples concrets et d'appels à l'expérience immédiate des enfants pour les initier aux émotions morales, les élever, par exemple, au sentiment d'admiration pour l'ordre universel et au sentiment religieux en leur faisant contempler quelques grandes scènes de la nature; au sentiment de la charité, en leur signalant une misère à soulager, en leur donnant l'occasion d'un acte effectif de charité à accomplir avec discrétion; au sentiment de la reconnaissance et de la sympathie, par le récit d'un trait de courage, par la visite à un établissement de bienfaisance, etc.

Cours moyen. — *Entretiens, lecture avec explications, exercices pratiques. — Même mode et mêmes moyens d'enseignement que précédemment, avec un peu plus de méthode et de précision. — Coordonner les leçons et les lectures de manière à n'omettre aucun point important des programmes ci-dessous :*

I. — L'enfant dans la famille. — Devoirs envers les parents et les grands-parents. — Obéissance, amour, reconnaissance. —

Aider leurs parents dans leurs travaux; les soulager dans leurs maladies; venir à leur aide dans leurs vieux jours.

Devoirs des frères et sœurs. — S'aimer les uns les autres; protection des plus âgés à l'égard des plus jeunes; action de l'exemple.

Devoirs envers les serviteurs. — Les traiter avec politesse, avec bonté.

L'enfant dans l'école. — Assiduité, docilité, travail, convenance. — Devoirs envers l'instituteur. — Devoirs envers les camarades.

La patrie. — La France, ses grandeurs et ses malheurs. — Devoirs envers la patrie et la société.

II. — **Devoirs envers soi-même.** — Le corps : propreté, sobriété et tempérance; dangers de l'ivresse, gymnastique.

Les biens extérieurs. — Économie (conseils de Franklin; éviter les dettes; funestes effets de la passion du jeu; ne pas trop aimer l'argent et le gain; avarice). Le travail (ne pas perdre de temps, obligation du travail pour tous les hommes, noblesse du travail manuel).

L'âme. — Véracité et sincérité; ne jamais mentir. — Dignité personnelle, respect de soi-même. — Modestie : ne point s'aveugler sur ses défauts. — Éviter l'orgueil, la vanité, la coquetterie, la frivolité. — Avoir honte de l'ignorance et de la paresse. — Courage dans le péril et dans le malheur; patience, esprit d'initiative. — Dangers de la colère. Traiter les animaux avec douceur, ne point les faire souffrir inutilement. — Loi Grammont, sociétés protectrices des animaux.

Devoirs envers les autres hommes. — Justice et charité (ne faites pas à autrui ce que vous ne voudriez pas qu'on vous fît; faites aux autres ce que vous voudriez qu'ils vous fissent). — Ne porter atteinte ni à la vie, ni à la personne, ni aux biens, ni à la réputation d'autrui.

N. B. — Dans tout ce cours, l'instituteur prend pour point de départ l'existence de la conscience, de la loi morale et de l'obligation. Il fait appel au sentiment et à l'idée du devoir, au sentiment et à l'idée de responsabilité, il n'entreprend pas de les démontrer par exposé théorique.

Devoirs envers Dieu. — L'instituteur n'est pas chargé de faire un cours *ex-professo* sur la nature et les attributs de Dieu; l'enseignement qu'il doit donner à tous indistinctement se borne à deux points : d'abord, il leur apprend à ne point prononcer légèrement le nom de Dieu; il associe étroitement dans leur esprit à l'idée de la cause première et de l'Être parfait un sentiment de respect et de vénération, et il habitue chacun d'eux à environner du même respect cette notion de Dieu, alors même qu'elle se présenterait à lui sous des formes différentes de celles de sa propre religion.

Ensuite, et sans s'occuper des prescriptions spéciales aux diverses communions, l'instituteur s'attache à faire comprendre et sentir à l'enfant que le premier hommage qu'il doit à la divinité, c'est l'obéissance aux lois de Dieu, telles que les lui révèlent sa conscience et sa raison.

Cours supérieur (de 11 à 13 ans). — *Entretiens, lecture, exercices pratiques comme dans le cours élémentaire et le cours moyen. Celui-ci comprend de plus, en une série régulière de leçons dont le nombre, l'importance et l'ordre pourront varier, un enseignement élémentaire de la morale en général et plus particulièrement de la morale sociale d'après le programme ci-après :*

I. — La famille. — Devoirs des parents et des enfants; devoirs réciproques des maîtres et des serviteurs.

II. — La société. — Nécessité et bienfaits de la société. La justice, condition de toute société. La solidarité, la fraternité humaine. Applications et développements de l'idée de justice : respect de la vie et de la liberté humaine, respect de la propriété, respect de la parole donnée, respect de l'honneur et de la réputation d'autrui. La probité, l'équité, la délicatesse. Respect des opinions et des croyances. Applications et développements de l'idée de charité et de fraternité. Ses divers degrés, devoirs de bienveillance, de reconnaissance, de tolérance, de clémence, etc. Le dévouement, forme suprême de la charité, montrer qu'il peut trouver place dans la vie de tous les jours.

III. — La patrie. — Ce que l'homme doit à la patrie, l'obéissance aux lois, le service militaire, discipline, dévouement, fidélité au drapeau. — L'impôt (condamnation de toute fraude envers l'État). — Le vote (il est moralement obligatoire, il doit être libre, consciencieux, éclairé). — Droits qui correspondent à ces devoirs : liberté individuelle, liberté de conscience, liberté de travail, liberté d'association, garantie par la société de la vie et des biens de tous. La souveraineté nationale. Explication de la devise républicaine: Liberté, Égalité, Fraternité. Dans chacun de ces deux chapitres du cours de morale sociale, on fera remarquer à l'élève, sans entrer dans des discussions métaphysiques :

1° La différence entre le devoir et l'intérêt, même lorsqu'ils semblent se confondre, c'est-à-dire le caractère impératif et désintéressé du devoir.

2° La distinction entre la loi écrite et la loi morale : l'une fixe un minimum de prescriptions que la société impose à tous ses membres sous des peines déterminées ; l'autre impose dans le secret de la conscience un devoir que nul n'est contraint de remplir, mais auquel il ne peut faillir sans se sentir coupable envers lui-même et envers Dieu.

FIN

TABLE DES MATIÈRES

Avant-propos.................................... 1

PREMIÈRE PARTIE

I. L'homme et la bête.......................... 1
II. Fonctions de l'âme et du corps................ 6

FACULTÉS DE L'AME

III. Le bébé................................... 12
IV. Opérations, fonctions ce l'âme............... 15
V. Facultés de l'âme............................ 19
VI. Du moi et de ses propriétés................. 25

DEUXIÈME PARTIE

La morale..................................... 31
I. Morale théorique. — Caractères principaux de la loi morale. — Motifs divers de nos actions.......... 35
II. Conscience morale. — Notion et sentiment du devoir. 40
III. Distinction du bien et du mal. — Obligation morale. 48
IV. Le mérite et le démérite. — La sanction......... 54
V. Tradition des anciens sur l'origine de la morale..... 60

VI. Le bien moral non obligatoire. — Idéal de la perfection morale. — La perfection morale dépend de Dieu.. 68

I. DE L'EXISTENCE DE DIEU. 75
    Continuation du même sujet : 1° Les oiseaux...... 82
        2° Les Poissons........................... 84
II. Nature de Dieu.................................... 89
III. Action de Dieu.................................... 96
IV. La divine Providence.............................. 100
V. Objections contre la Providence................... 104
    1° Objections tirées du mal physique............. 107
    2° Objections tirées du mal moral............... 113

TROISIÈME PARTIE

MORALE PRATIQUE : NOS DEVOIRS. — DIVISION DES DEVOIRS. — MORALE INDIVIDUELLE. — MORALE SOCIALE. — DROITS CORRESPONDANTS........... 124

I. Devoirs de l'homme envers lui-même : 1° Devoirs envers notre âme................................... 125
    2° Devoirs envers notre corps.................... 128

LES VERTUS : Propreté et tempérance............ 130

RÉCITS.. 132
Les vertus. — La Force....................... 134
Georges Stephenson (1781-1848)................ 137
Franklin....................................... 147
3° Devoirs envers la nature extérieure.......... 152

II. MORALE SOCIALE OU DEVOIRS DE L'HOMME ENVERS SES SEMBLABLES

1° Devoirs de l'homme en général : La Justice...... 157

RÉCIT : Le chevalier Bayard..................... 163

LES VERTUS (suite)

Bienfaisance ou charité obligatoire............... 166
La charité chrétienne obligatoire et facultative... 169

DEVOIRS ENVERS DIEU

I. Culte intérieur.................................... 178
II. Culte extérieur ou public........................ 185

LA SOCIÉTÉ

Description et définition de la Société en général. — Le Pouvoir. — Le Droit privé. — Ln Droit public.. 192

DROIT PUBLIC... 200

APPENDICE : Programmes officiels pour l'enseignement de la morale 206

FIN DE LA TABLE DES MATIÈRES

BOURLOTON. — Imprimeries réunies, A, rue Mignon, 2, Paris.

www.ingramcontent.com/pod-product-compliance
Lightning Source LLC
Chambersburg PA
CBHW071947160426
43198CB00011B/1586